D I D A J É

CUADERNOS AECA | 21

EL MINISTERIO DE CATEQUISTA

Asociación Española
de Catequetas (AECA)

Dirección editorial
Francisco Javier Navarro Marín

Coordinación editorial
Mario González Jurado

Edición
Asier Varela García

Revisión
Consejo directivo de la AECA

Diseño y maquetación
MT Color & Diseño

Diseño de cubierta
Estudio SM

© 2025, Asociación Española de Catequetas (AECA)
© 2025, PPC Editorial y Distribuidora, S. A.
Parque empresarial Prado del Espino
Impresores, 2
28660 Boadilla del Monte (Madrid)
ppcedit@ppc-editorial.com
www.ppc-editorial.es

ISBN: 978-84-288-4318-8

Depósito legal: M-20056-2025

Impreso en la Unión Europea / *printed in European Union*

INTRODUCCIÓN

Juan Carlos Carvajal Blanco
Universidad Eclesiástica San Dámaso
Presidente de la AECA (2021-2024)

Santiago García Mourelo
Universidad Pontificia Comillas
Secretario de la AECA (2021-2024)

El presente libro —el número 21 de la serie de "Cuadernos AECA— recoge los materiales de las XXXIX Jornadas anuales de la Asociación Española de Catequetas (AECA), desarrolladas entre los días 5 al 7 de diciembre del 2024, bajo el título: "El ministerio de catequista". El tema responde a la elección de la Asamblea de la AECA del año anterior, por la cual hizo suya la preocupación que, en su visita a la asociación, José Rico Pavés había manifestado respecto a la acogida que se estaba prodigando en las Iglesias de España del ministerio de catequista instituido por el papa Francisco por la carta apostólica, en forma *motu proprio*, *Antiquum ministerium* (10-V-2021).

Cuando el Consejo de la AECA se puso a preparar el contenido de las Jornadas, sus miembros consideraron oportuno tratar el tema desde diferentes ángulos. Era preciso que la reflexión de los socios tuviera en cuenta la complejidad teológica y pastoral que la institución de los ministerios laicales, en general, y el de catequista, en particular, traen consigo. Parecía un hecho —confirmado en el desarrollo de la Jornadas— que las dificultades que se observaban en la recepción de los ministerios bautismales no solo respondían a la inercia pastoral del "siempre se ha hecho así" o a la falta de formación de los posibles candidatos a los ministerios instituidos; sino a motivos más hondos que había que sacar a la luz, reflexionar sobre ellos y tratar de ofrecer algunas pistas operativas que desbloquearan el *impasse* que nuestras diócesis viven sobre el tema.

En sintonía con este proyecto, el Consejo vio oportuno partir de dos ponencias de carácter fundamental, una de orden histórico y otra que ofreciera las bases eclesiológicas del tema. Ambas constituyen los dos primeros capítulos del presente volumen. El primer capítulo, elaborado por el hermano de La Salle, José María Pérez Navarro, lleva por título: "Algunos hitos importantes en la historia del ministerio del catequista". A lo largo de su estudio, el autor verifica la afirmación inicial del papa Francisco en *Antiquum ministerium*: "El ministerio de catequista en la Iglesia es muy antiguo" y manifiesta los diferentes rasgos que han definido su vocación y el ejercicio de su actividad a lo largo de la bimilenaria historia eclesial.

Por su parte, el segundo capítulo recoge la ponencia de Eloy Bueno de la Fuente, profesor de Eclesiología de la Facultad del Norte, sede Burgos. Bajo el título "Fundamentación eclesiológica de los ministerios: la ministerialidad de la Iglesia", el autor nos introduce en la complejidad teológica que subyace en el tema de los ministerios y que muchas veces, lejos de ser explicitadas, permanece latente; de ahí la dificultad de poder afrontar las resistencias pastorales que se observan. En su reflexión, y de la mano del Sínodo sobre la sinodalidad —del cual fue perito—, el profesor Eloy Bueno nos introduce en el giro copernicano que supuso la eclesiología del Vaticano II, y en el desarrollo de la reflexión sobre la ministerialidad eclesial en el posconcilio. Su trabajo ofrece algunas referencias eclesiológicas que, al estar implicadas en el tema de los ministerios, pueden iluminar y estimular el desarrollo de su diversa institución.

Sobre esta base, las Jornadas dieron un nuevo paso, esta vez avanzando sobre la experiencia. En efecto, aunque pocos, en nuestras diócesis de España hay algún catequista instituido. Por ello, se citó a tres ministros instituidos para desarrollar un panel de testimonios, que son recogidos en el libro: David del Álamo Martín Aragón, de la archidiócesis de Toledo; Rosa Abad León, de la archidiócesis de Madrid; y Lola Ros de la Iglesia, de la archidiócesis de Zaragoza. Sin duda, sus experiencias fueron muy variadas; no obstante, ofrecen algunos elementos que dan que pensar. Daría la sensación de que las diócesis no terminan de saber muy bien qué hacer con el ministerio de catequista y cuál es su contribución particular a la misión evangelizadora común de todo el pueblo de Dios.

Por último, con el interés de no quedarse en el plano abstracto y tratando de dar respuestas a las lagunas que se observan en la actividad eclesial, las Jornadas quisieron entrar en una fase más propositiva. Esta tuvo dos partes: la intervención de Miguel López Varela y el diálogo final de todos los participantes de las Jornadas. Respecto a la primera, su mismo título da idea de la exhaustividad de la intervención: "Pistas concretas para la promoción de los ministerios laicales: discernimiento, formación, compromiso ministerial, apertura a nuevos ministerios, etc." (capítulo tercero). No cabe duda de que aquellos que estén interesados en reflexionar, de manera concreta, sobre el ministerio de catequista y ver el modo de implementarlo en su diócesis aquí hallarán no solo ideas, sino también concreciones en diversos ámbitos.

A partir de este último estímulo, las Jornadas concluyeron con un amplio diálogo entre los participantes, donde cada uno de los asistentes se hizo eco de algún aspecto que le había llamado la atención o, incluso, le había creado cierto desasosiego. La riqueza de ese diálogo-discusión se halla recogido, básicamente, en el "Epílogo", que lleva por título: "Reflexión final". Más que final, tiene vocación de ser el inicio de la reflexión de los lectores del presente libro que, ante el reto de promover los ministerios bautismales y, en concreto, el de catequista en sus Iglesia, pueden encontrar ahí luz y estímulo.

Concluyendo esta presentación, es preciso reconocer que la literatura catequética —quizá igual que la catequesis, a la que sirve— está, como suele decirse, en horas bajas. Es difícil encontrar en librerías religiosas, y no solo en nuestro país, nuevas obras que, de modo directo, reflexionen y promuevan, tanto la teología catequética como la actividad catequística. Con la publicación de este "Cuaderno AECA", la AECA acude a la cita anual. En efecto, la asociación está comprometida en publicar todos los años los frutos de sus Jornadas de estudio anuales; pero, también, si ve la ocasión, promueve algún trabajo catequético de sus socios o la traducción de alguna obra catequética publicada en otros países. Con esto, además de ser fiel a los fines para los que nació, pretende prestar un servicio a la reflexión catequética de las Iglesias de habla hispana.

PRESENTACIÓN

Juan Carlos Carvajal Blanco
Universidad Eclesiástica San Dámaso
Presidente de la AECA (2021-2024)

1 SALUDO Y BIENVENIDA

Queridos amigos y amigas de la AECA: sed bienvenidos a la celebración anual de las Jornadas de nuestra asociación, dentro de las cuales tendremos la Asamblea general de socios, según reglamentan los Estatutos. Este año, la Asamblea tiene un especial interés. En ella, se elegirán los miembros del próximo Consejo de la asociación, que desarrollará su mandato durante el próximo trienio (2024-2027).

Creo que me hago portavoz de todos vosotros si manifiesto la alegría por nuestro encuentro. Sí, más allá del tema que nos pueda convocar, más allá de asistir a la misma Asamblea, las Jornadas son la ocasión para encontrarnos, avivar nuestras relaciones personales y convertirlas en un trato fraterno. La Iglesia ante todo es fraternidad, fraternidad que se proyecta en misión, y misión que convoca a esa fraternidad que nace de la fe en Jesús, Hijo de Dios y hermano nuestro.

Pues bien, nosotros, asociación pública de fieles, somos una pequeña célula de esa Iglesia y, junto con la fe, nos une nuestro interés por la catequesis. La AECA tiene vocación de fraternidad y las Jornadas —junto con el *Boletín* y los trabajos en común que llevamos a adelante—, son el medio para profundizar en esa vocación fraterna, al tiempo que nos empeña en prestar un servicio a la catequesis de nuestras Iglesias particulares. Sé que todos hemos hecho un esfuerzo por acudir a nuestra cita anual y que otros miembros de nuestra asociación, aun deseándolo, no han podido asistir, bien porque se lo ha impedido algún compromiso, bien porque su avanzada edad resulta un grave impedimento. En cualquier caso, los lazos fraternos se mantienen y los que asistimos a estas Jornadas, en cierto modo, nos sentimos portavoces de esos hermanos nuestros ausentes y, así, como asociación, seguimos manteniendo nuestro humilde servicio a la reflexión catequética.

2 EL TEMA: EL MINISTERIO DE CATEQUISTA

Como recordaréis, el año pasado, José Rico Paves –presidente de la Comisión Episcopal de Evangelización, Catequesis y Catecumenado de la Conferencia Episcopal Española– inauguró nuestras Jornadas manteniendo con los asistentes un coloquio sobre la situación de la catequesis en la Iglesia de España y los retos que hoy debe afrontar. En aquel encuentro, nos sugirió que reflexionáramos sobre *el ministerio de catequista* y que, como asociación entendida en la catequesis, le hiciéramos llegar nuestra aportación particular respecto a la recepción que nuestras diócesis están haciendo o podrían hacer de dicho ministerio. Esta sugerencia fue acogida con interés en la Asamblea posterior y la mayoría de los socios asistentes vieron la conveniencia de tratar este tema en las Jornadas que hoy nos reúnen.

❶ Interés del tema

El 10 de mayo de 2021, por la carta apostólica en forma *motu proprio Antiquum ministerium*[1], el papa Francisco instituyó el misterio de catequista. Utilizando una imagen, esta institución puede ser considerada como una piedra que cae en un estanque y genera desde su epicentro una serie de ondulaciones que repercuten en toda la superficie. En efecto, la institución del ministerio de catequista no es algo circunstancial, que solo suscita interés en aquellos que nos dedicamos a la reflexión y servicio de la catequesis. Al contrario, tiene un largo recorrido y si, junto con los otros ministerios instituidos (lector y acólito), se le considera en todo su valor y alcance, tiene vocación de promover elementos esenciales de la renovación eclesial emprendida por el Vaticano II.

En realidad, esta opinión no es mía, me hago eco de la valoración que sobre los ministerios laicales tiene el papa Francisco. Una ocasión privilegiada para conocer su juicio la encontramos en el mensaje que entregó, el 15 de agosto de 2022, con motivo del quincuagésimo aniversario de la carta apostólica en forma *motu proprio Ministeria quaedam* de Pablo VI[2].

---

[1] *Cf.* Francisco, carta apostólica en forma *motu proprio Antiquum ministerium* (10-V-2021), en: *AAS* 113-6 (2021) 527-533.

[2] *Cf.* Francisco, *Mensaje con motivo del quincuagésimo aniversario de la carta apostólica en forma motu proprio Ministeria quaedam de Pablo VI* (15-VIII-2022); *cf.* Pablo VI,

En este mensaje, Francisco pone de manifiesto cómo ya el *motu proprio* de Pablo VI, más allá de reformar la disciplina relativa a la primera tonsura, a las ordenes menores y al subdiaconado en la Iglesia latina, lo que promovía era la *institución de unos ministerios laicales*: lectorado y acolitado, de raíz bautismal, que partiendo del servicio de la Palabra y del Altar se proyectaban más allá de las celebraciones litúrgicas. En efecto, con la institución de los ministerios laicales, Pablo VI no solo pretendía incorporar ministerialmente a los seglares a las celebraciones litúrgicas y mostrar "mejor la diferencia entre clérigos y seglares, entre lo que es propio y está reservado a los clérigos y lo que puede confiarse a los seglares cristianos"; sino abrir la posibilidad de otros ministerios —nombra explícitamente el de catequista— que en las diversas regiones de la tierra —previa petición de las conferencias episcopales a la Santa Sede— se podrían instituir para mejorar la incorporación de los seglares a la misión de la Iglesia.

En opinión del papa Francisco, esta decisión del papa Montini, en línea del Vaticano II, tiene tal trascendencia que él mismo, sacando sus consecuencias, ha dado algunos pasos para avanzar en la ministerialidad de los seglares. De hecho, es en este marco que se inscriben tanto su carta apostólica *Spiritus Domini* (10-I-2021)[3], por la que modifica el canon 230§1 del *Código de derecho canónico*, que da acceso a las personas del sexo femenino al ministerio instituido del lectorado y del acolitado; como también la carta apostólica *Antiquum ministerium* por la que instituye el misterio de catequista[4].

❷ Un tema con muchas aristas

Ya hemos dicho que la promoción de los ministerios laicales —y en particular el ministerio de catequista—, más allá de las apariencias o de cualquier juicio precipitado, tiene más trascendencia de lo que en un primer momento parece. Por cierto, nuestras diócesis, aquellas pocas que han

---

carta apostólica en forma *motu proprio Ministeria quaedam* (15-VIII-1972), en: *AAS* 64 (1972) 529-534.

[3] FRANCISCO, carta apostólica en forma *motu proprio Spiritus Domini* (10-I-2021), en: *AAS* 113-2 (2021) 169-170.

[4] *Cf*. FRANCISCO, *Mensaje con motivo del quincuagésimo aniversario*, 2.

empezado a instituir algunos seglares en los diferentes ministerios, ¿han considerados todas las implicaciones que estas instituciones tienen, o más bien lo han hecho sin más consideraciones? No me toca a mí enjuiciar la actuación de nuestras Iglesias particulares; pero sí quiero traer aquí algunas palabras del papa Francisco, extraídas de su mensaje con motivo del quincuagésimo aniversario de *Ministeria quaedam,* para mostrar las cuestiones eclesiológicas que, según su opinión, están en juego:

> La eclesiología de comunión, la sacramentalidad de la Iglesia, la complementariedad del sacerdocio común y del sacerdocio ministerial, la visibilidad litúrgica de cada ministerio son los principios doctrinales que, animados por la acción del Espíritu, hacen armoniosa la variedad de los ministerios[5].

En efecto, detrás de la institución del ministerio de catequista está en juego la comprensión de la Iglesia como misterio de comunión (*cf. LG,* capítulo primero), constituida en "un pueblo reunido en virtud de la unidad del Padre y del Hijo y del Espíritu Santo" (*LG* 4). La consideración de la Iglesia como pueblo peregrino —aquí resuena la tarea de la sinodalidad que tanto ha ocupado y preocupado los últimos años—, consagrado a Dios por la fe en su Palabra y por el baño del agua y del Espíritu, y entender qué supone que sus miembros, a semejanza de Jesucristo, su Maestro y Señor, están ungidos como sacerdotes, profetas y reyes (*cf. LG,* capítulo segundo). También está planteado de qué modo todos sus miembros, en virtud del bautismo y según la parte que les corresponde por su estado de vida, son corresponsables de la vida y misión de la Iglesia y cómo concebir la complementariedad y colaboración entre el sacerdocio común y el sacerdocio ministerial (*cf. LG,* 10b). Tampoco puede dejarse de lado de qué manera la visibilidad litúrgica (*cf. SC,* 14.29.58), se proyecta en la misión eclesial y, de un modo particular, en la vida apostólica de los seglares (*cf. LG,* capítulo cuarto; *AA*).

Si estas son las cuestiones de tipo eclesiológico que están detrás de la institución de los ministerios laicales, no son menores las cuestiones de tipo teológico-pastoral que conviene dilucidar para una mejor realización de esa institución. Nuevamente citamos un párrafo del mensaje del papa Francisco:

---

[5] *Cf.* FRANCISCO, *Mensaje con motivo del quincuagésimo aniversario,* 6.

La cuestión de los ministerios bautismales toca diversos aspectos que ciertamente hay que considerar: la terminología usada para indicar los ministerios, su fundación doctrinal, los aspectos jurídicos, las distinciones y las relaciones entre los ministerios particulares, su valor vocacional, los itinerarios formativos, la forma con la que se instituye y habilita al ejercicio de un ministerio, la dimensión litúrgica de cada ministerio. Incluso solo de este somero listado nos damos cuenta de la complejidad del tema[6].

En efecto, la institución de los ministerios bautismales, el acceso de la mujer, la futura ampliación a otros ministerios, etc. llevan implícitas muchas derivadas teológico-pastorales y muchas decisiones que, me da la impresión, no siempre se consideran; o si se consideran, lejos de afrontarlas y dilucidarlas con la confianza que da la fe y la prudencia pastoral, producen un efecto paralizante que limita la recepción de este impulso que el ministerio petrino está queriendo dar al conjunto de la Iglesia.

Es verdad: la Iglesia de España ha tratado de avanzar en esta reflexión y toma de decisiones. En 2023, la Conferencia Episcopal Española publicó un documento *ad experiementum*[7] por el que ofrece orientación a los obispos para la institución de los ministerios de lector, acólito y catequistas en sus Iglesia particulares. Sin embargo, la recepción de estas orientaciones está siendo muy limitada. Solo tres diócesis han empezado a instituir los ministerios laicales. Y el resto se enfrentan a una decisión que, por lo que hemos dicho, no parece resultar fácil.

A la luz de esta situación es conveniente dejarse guiar por dos de los principios pastorales que el papa Francisco expone en *Evangelii gaudium* y retoma en el mensaje con motivo del quincuagésimo aniversario de *Ministeria quaedam*[8]:

- "*La realidad es superior a la idea*" (*EG* 231-233). Nada vale las grandes reflexiones sobre los ministerios bautismales y, en concreto, respecto al del catequista si no parte de la realidad de nuestra Iglesias particulares. Y si observamos su vida eclesial, hemos de reconocer

[6] Cf. FRANCISCO, *Mensaje con motivo del quincuagésimo aniversario*, 8.

[7] Cf. CONFERENCIA EPISCOPAL ESPAÑOLA, *Orientaciones sobre la institución de los ministerios de acólito, lector y catequista*, Madrid 2023.

[8] Cf. FRANCISCO, *Mensaje con motivo del quincuagésimo aniversario*, 8.

que dichos ministerios pueden hoy hacer una magnífica contribución a la misión evangelizadora; en cierto modo la realidad nos lo exige. Los catequistas: ¿no tendrían una labor destacada en esa multitud de pueblos de la España despoblada a la que cada vez más a la Iglesia le cuesta acompañar? Y en las diócesis pobladas, ¿los catequistas y demás ministerios no serían un revulsivo para esa multitud de laicos que viven su pertenencia eclesial de un modo pasivo?

En cualquier caso, la promoción de los ministerios instituidos sería el modo de manifestar, sin mucha retórica, pero sí basado en los hechos, el valor fontal del bautismo y la corresponsabilidad que comporta a todo cristiano en la vida y misión de las comunidades cristianas. Es preciso de implementar, de una manera efectiva, los ministerios laicales en nuestras Iglesia, discerniendo por dónde lleva el Espíritu, cómo responden las comunidades, qué experiencia van haciendo los ministros en el ejercicio de sus funciones, y desde ahí ir perfilando los ministerios poco a poco para poder ir avanzando con paso firme.

— *"El tiempo es superior al espacio"* (*EG* 222-225). Este otro principio nos aboca al sano realismo y a la virtud de la paciencia, sabiendo que estas actitudes, familiares de la prudencia pastoral, no pueden ser pretexto para no tomar decisiones. Es verdad: no resulta fácil encontrar laicos suficientemente preparados para llevar adelante lo que comporta el ministerio de catequista y, si los hay, no siempre tienen la disponibilidad para responder a las necesidades pastorales identificadas por el obispo en el conjunto de la Iglesia particular[9]. Sin embargo, el tiempo juega a nuestro favor siempre que no nos obsesionen los resultados inmediatos y empecemos, como decimos, a dar algunos pasos en la dirección propuesta por la Santa Sede.

Cierto: el punto de partida puede resultar un poco desalentador –en muchos aspectos todavía estamos en mantillas–, pero todo paso adelante siempre será un avance. Es preciso definir con realismo los rasgos que caracterizan la vocación del catequista que aspira a la institución ministerial respecto al resto de los catequistas, y también respecto al del ministerio del lector; teniendo en cuenta la rea-

---

[9] *Cf.* Francisco, *Antiquum ministerium*, 8.

lidad plural de nuestras diócesis, indicar las funciones, sencillas pero fundamentales, que habría que encomendar al catequista y su relación con el ministerio ordenado; y, por último, cómo no pensar en la formación básica y específica de este ministerio que gira en torno a la palabra, la transmisión de la fe y tiene una clara vocación misionera[10].

3 ITINERARIO DE LAS JORNADAS

Sin duda alguna, todas estas cuestiones abren un espacio a la reflexión que vamos a llevar adelante en nuestras Jornadas y, en cierto modo, reclaman de nosotros, en virtud de nuestra vocación eclesial, una palabra que ayude humildemente a su esclarecimiento.

El Consejo ha pensado las Jornadas articulándolas en tres tiempos. A continuación, a lo largo de esta tarde, vamos a trabajar sobre los fundamentos del ministerio de catequista. Este trabajo lo vamos a dividir en dos momentos: en el primero, animado por José María Pérez, observaremos la historia de la Iglesia para fijarnos en algunos hitos importantes que nos ayudan a comprender la importancia de los ministerios laicales; y en el segundo, de la mano de Eloy Bueno de la Fuente, nos adentraremos en los fundamentos eclesiológicos de dichos ministerios. Mañana por la mañana, nos acercaremos a las experiencias que ya se están dando entre nosotros. En un panel testimonial, escucharemos la palabra de tres ministros instituidos: Rosa Abad León, de la archidiócesis de Madrid; David del Álamo Martín Aragón, de la archidiócesis de Toledo; y Lola Ros de la Iglesia, de la archidiócesis de Zaragoza. Tras escuchar estas experiencias, Miguel López Varela nos ofrecerá algunas claves concretas para promover la institución del ministerio de catequista. Esta intervención, justamente, nos ofrecerá la pista de salida para que, al día siguiente, por la mañana, debatamos sobre esas reflexiones y propuestas que queremos hacer llegar a la Comisión de Evangelización y Catequesis de la Conferencia Episcopal Española.

---

[10] Cf. Ibid., 7.

SIGLAS

AA	Concilio Vaticano II, decreto sobre el apostolado de los laicos *Apostolicam actuositatem* (18-XI-1965)
AAS	*Acta apostolicae sedis*
AECA	Asociación Española de Catequetas
AG	Concilio Vaticano II, decreto sobre la acción misionera de la Iglesia *Ad gentes* (7-XII-1965)
AM	Francisco, carta apostólica en forma *motu proprio Antiquum ministerium* con la que se instituye el ministerio del catequista (10-V-2021)
CCE	*Catechismus Catholicae Ecclesiae* (11-X-1992)
CELAM	Consejo Episcopal Latinoamericano y Caribeño
ChD	Concilio Vaticano II, decreto *Christus dominus* sobre el ministerio pastoral de los obispos (28-X-1965)
ChL	Juan Pablo II, exhortación apostólica postsinodal *Christifideles laici* (30-XII-1988)
CIC	*Codex iuris canonici*
C-RIC	Congregación para el Culto Divino y la Disciplina de los Sacramentos, *Carta a los presidentes de las conferencias de obispos sobre el rito de institución de los catequistas* (3-XII-2021)
CT	Juan Pablo II, exhortación apostólica postsinodal *Catechesi tradendae* (16-X-1979)
DC	Pontificio Consejo para la Promoción de la Nueva Evangelización, *Directorio para la catequesis* (23-III-2020)
DGC	Congregación para el Clero, *Directorio general para la catequesis* (15-VIII-1997)
DV	Concilio Vaticano II, constitución dogmática *Dei Verbum* sobre la divina revelación (18-XI-1965)
EG	Francisco, exhortación apostólica *Evangelii gaudium* (24-XI-2013)

EN	Pablo VI, exhortación apostólica postsinodal *Evangelii nuntiandi* (8-XII-1975)
GC	Congregación para la Evangelización de los Pueblos, *Guía para los catequistas. Documento de orientación vocacional, de formación y de promoción del catequista en los territorios de misión que dependen de la Congregación para la Evangelización de los Pueblos* (3-XII-1993)
GE	Concilio Vaticano II, declaración *Gravisimum educationis* sobre la educación cristiana (28-X-1965)
GS	Concilio Vaticano II, constitución pastoral sobre la Iglesia en el mundo actual *Gaudium et spes* (7-XII-1965)
LG	Concilio Vaticano II, constitución dogmática sobre la Iglesia *Lumen gentium* (21-XI-1964)
MQ	Pablo VI, carta apostólica en forma *motu proprio Ministeria quaedam* por la que se reforma en la Iglesia latina la disciplina relativa a la primera tonsura, a las ordenes menores y al subdiaconado (15-VIII-1972)
MTR	M. A. Campos, *Itinerario evangélico de san Juan Bautista de la Salle 2. El uso de la Escritura en las "Meditaciones para el tiempo del retiro" de SJBS*, Madrid 1988
OIM	Conferencia Episcopal Española, *Orientaciones sobre la institución de los ministerios de lector, acólito y catequista*, Madrid 2023
RIC	Congregazione per il Culto Divino e la Disciplina dei Sacramenti, *Ritus de institutione catechistarum* (13-XII-2021)
RIC-esp	Conferencia Episcopal Española, *Ritual para instituir catequistas* (*ad experimentum*, 2024-2026, según la edición típica latina), Madrid 2024
RICA	Congregación para el Culto Divino, *Ritual de la iniciación cristiana de adultos* (6-I-1972)
SC	Concilio Vaticano II, constitución dogmática sobre la sagrada liturgia *Sacrosanctum Concilium* (4-XII-1963)

1

ALGUNOS HITOS IMPORTANTES EN LA HISTORIA DEL MINISTERIO DEL CATEQUISTA

José María Pérez Navarro[1]
Presidente de la AECA (2024-2027)

El 9 de enero de 1961, el hermano Michel Sauvage (La Salle) presentó su tesis doctoral titulada *Catequesis y laicado. Participación de los laicos en el ministerio de la Palabra Divina y misión en la Iglesia de los religiosos laicales de enseñanza*[2]. Han pasado muchos años y sigue siendo una investigación de primer orden sobre los ministerios laicales en la Iglesia. En aquel momento de la historia se abrían paso las ideas de las nuevas corrientes teológicas, eclesiológicas, catequéticas, etc., y surgen con fuerza las reflexiones sobre la teología del laicado que culminaría en los documentos del Concilio Vaticano II con párrafos tan significativos como:

> Los laicos tienen su papel activo en la vida y en la acción de la Iglesia, como partícipes que son del oficio de Cristo sacerdote, profeta y rey. Su acción dentro de las comunidades de la Iglesia es tan necesaria que sin ella el mismo apostolado de los pastores muchas veces no puede conseguir plenamente su efecto (*AA* 10)[3].

No es cuestión en este artículo de realizar una amplia historia del ministerio del catequista laico en la Iglesia, sino que simplemente vamos a

---

[1] Hermano de La Salle, director del Instituto Superior de Ciencias Religiosas y Catequéticas San Pío X y director de la revista *Sinite*. Este texto parte de mi artículo publicado en la revista *Sinite*: J. M. Pérez Navarro, "Algunos momentos importantes en la historia del ministerio del catequista", en: *Sinite* 63 (2019) 189, 13-28.

[2] M. Sauvage, *Catéchèse et laïcat. Participation des laics au ministère de la parole et misión du Frère-enseignant dans l'Église*, Paris 1962 (traducción española: *Catequesis y laicado*, Madrid 1963).

[3] Concilio Vaticano II, decreto *Apostolicam actuositatem* sobre el apostolado de los laicos (18-XI-1965), en: Concilio Ecuménico Vaticano II, *Constituciones, decretos y declaraciones*, Madrid 1993.

recordar algunos momentos de esta rica historia, teniendo en cuenta que debemos conocer las circunstancias religiosas, sociales e históricas que se dieron en cada periodo y que aquí no vamos a poder desarrollar por falta de espacio.

1 LOS PRIMEROS CATEQUISTAS EN EL LIBRO DE LOS HECHOS DE LOS APÓSTOLES

El primer ejemplo de catequesis que tenemos es cuando, en el libro de los Hechos de los Apóstoles, se nos dice que Pedro habló el día de Pentecostés:

> Israelitas, escuchad estas palabras: a Jesús el Nazareno, varón acreditado por Dios ante vosotros con los milagros, prodigios y signos que Dios realizó por medio de él, como vosotros mismos sabéis, a este, entregado conforme al plan que Dios tenía establecido y previsto, lo matasteis, clavándolo a una cruz por manos de hombres inicuos. Pero Dios lo resucitó, librándolo de los dolores de la muerte, por cuanto no era posible que esta lo retuviera bajo su dominio (Hch 2,22-24).

Pedro proclamó a Jesús resucitado como Hijo de Dios. Podemos hablar de Pedro como el primer catequista. Más tarde el apóstol Pablo subrayó con fuerza la importancia de los seguidores de Jesús, animándolos a asumir la responsabilidad bautismal de difundir la Palabra de Dios.

Hechos de los Apóstoles presenta el panorama de la rápida expansión del cristianismo, en los primeros años: crecimiento geográfico, numérico, étnico (primero, judíos; luego, gentiles). Como hemos visto, por el ejemplo anterior, la predicación de los apóstoles desempeñaba un papel fundamental en tan acelerada expansión. Hechos de los Apóstoles cuenta únicamente los acontecimientos decisivos, pero no cuenta cómo fue la expansión en diversas ciudades.

Es evidente que los apóstoles no pudieron ser los únicos agentes de tan pronta y rápida evangelización. Entre los primitivos convertidos se transformaron en celosos propagandistas del Evangelio. "Por su parte, Pablo y Bernabé permanecieron en Antioquía, enseñando y anunciando, *junto con otros muchos*, la buena nueva, la palabra del Señor" (Hch 15,35).

El libro de los Hechos de los Apóstoles, después de referir el martirio de san Esteban (Hch 7,54-8,1a), añade: "Se desató una violenta persecución contra la Iglesia de Jerusalén; todos, menos los apóstoles, se dispersaron por Judea y Samaría" (Hch 8,1b). Esta dispersión dará origen a una nueva difusión del Evangelio, y así lo dice un poco más adelante: "Los que habían sido dispersados iban de un lugar a otro anunciando la buena nueva de la Palabra" (Hch 8,4). Toda esta evangelización espontánea se interrumpe en Hechos con la conversión y los comienzos de la obra evangelizadora de Pablo, que daría un nuevo empuje a esa labor anunciadora.

Pero el ministerio de la Palabra no se limita solo a la evangelización, los nuevos cristianos tienen que cimentar su fe; existe, por tanto, una "enseñanza" que sigue al bautismo. Aquí aparece la función de los "didáscalos".

2 LAICOS "DIDÁSCALOS" (SIGLOS I-II)

En Hechos de los Apóstoles y en las cartas de Pablo, la palabra "didáscalos", traducida del griego por 'maestro' o 'doctor', se repite con mucha frecuencia y parece que indica una función perfectamente establecida en la Iglesia primitiva. Así, por ejemplo, se habla de los "didáscalos" en la Iglesia de Antioquía: "En la Iglesia que estaba en Antioquía había profetas y maestros: Bernabé; Simeón, llamado Níger; Lucio, el de Cirene; Manahén, hermano de leche del tetrarca Herodes; y Saulo" (Hch 13,1).

En los primeros números de la carta apostólica *Antiquum ministerium* (10-V-2021)[4], del papa Francisco, por la que se instituye el ministerio del catequista, lo recoge de la siguiente manera: "El ministerio del catequista en la Iglesia es muy antiguo. Los teólogos suelen sostener que los primeros ejemplos están presentes en los escritos del Nuevo Testamento" (*AM* 1).

---

[4] FRANCISCO, carta apostólica en forma *motu proprio Antiquum ministerium*, con el que se instituye el ministerio del catequista (10-V-2021), Madrid 2021.

En la organización primitiva de las primeras comunidades ya se hablaba de ellos al hacer las enumeraciones que hace de los "carismas" en la Iglesia (1 Cor 12,8-10; 1 Cor 12,27-28; Rom 12,6-8; Ef 4,11). En la primera carta a los Corintios los coloca en tercer lugar después de los apóstoles y los profetas: "Pues en la Iglesia Dios puso en primer lugar a los apóstoles; en segundo lugar, a los profetas, en el tercero, a los maestros" (1 Cor 12,28).

En la Iglesia, los *"didáscalos"* ejercieron una función capital: dar la instrucción religiosa dentro de la comunidad. Eran cristianos bien preparados, a quienes la Iglesia encomendaba a los catecúmenos para prepararlos al bautismo y posteriormente a formarlos en las verdades cristianas.

El examen objetivo de los textos del Nuevo Testamento nos hace señalar que muchos de los *"didáscalos"* eran obispos o presbíteros. Los primeros son los apóstoles. Timoteo y Tito, que han recibido la imposición de manos, lo son también y consideran la enseñanza como una de sus principales funciones. El obispo de quien se habla en la primera carta a Timoteo debe ser apto para enseñar (1 Tim 3,2), lo mismo se afirma de los presbíteros (1 Tim 5,17).

Leyendo los textos de Hechos y algunas cartas pastorales de Pablo, se puede llegar a la conclusión de que, junto con el clero, se encontraban una serie de seglares que podían ejercer esa función. Eso sí, se le exigía la competencia doctrinal y la sumisión al magisterio de la Iglesia. El ministerio no le pertenecía como propio, sino con dependencia a la comunidad.

En el Nuevo Testamento podemos encontrar el nombre de alguno de estos *"didáscalos"* seglares[5]. Destacaría especialmente a Aquila y Priscila. Los presenta Pablo como colaboradores (Rom 16,3). Varios textos permiten precisar la naturaleza de su actividad (Rom 16,3-5, 1 Cor 16,19). Su casa es lugar de reunión para la asamblea cristiana. Pero, sin lugar a duda, destacaría el texto de Hechos de los Apóstoles donde se dice que catequizaron a Apolo: "Apolo, pues, se puso a hablar públicamente en la

---

[5] Pablo evoca de vez en cuando sus colaboradores en el Señor: Aristarco; Marcos; Jesús, llamado el Justo; Epafras (Col 4,12); Epafrodito (Fil 2,25), Urbano (Rom 16,8); sin contar a las mujeres: María, Trifena, Trifosa y Pérsida (Rom 16,6.12); Febe (Rom 16,1), Evodia y Síntique (Fil 4,3).

sinagoga. Cuando lo oyeron Priscila y Aquila, lo tomaron por su cuenta y le explicaron con más detalle el camino de Dios" (Hch 18,26).

Un último texto muy interesante del Nuevo Testamento es el famoso texto de Gálatas: "Que el catecúmeno comparta sus bienes con quien lo instruye en la Palabra" (Gal 6,6). Podemos decir que en las primeras comunidades cristianas hay catequistas que se dedican a la instrucción y que tienen el derecho de ser pagados por la comunidad. Parece ser que los catecúmenos tenían la obligación de mantener a los que se dedicaban a ese ministerio, compartiendo sus bienes con el instructor.

Francisco, en *Antiquum ministerium*, recuerda que, "dentro de la gran tradición carismática del Nuevo Testamento, es posible reconocer la presencia activa de bautizados que ejercieron el ministerio de transmitir de forma más orgánica, permanente y vinculada a las diferentes circunstancias de la vida, la enseñanza de los apóstoles y los evangelistas" (*AM* 2).

3 LOS CATEQUISTAS EN LOS PROCESOS CATECUMENALES DE LOS PRIMEROS SIGLOS DEL CRISTIANISMO (SIGLOS II-VI)

En la iniciación cristiana de los primeros cristianos, ocupa un puesto fundamental el llamado catecumenado, que podíamos definirlo como una institución creada en el seno de la comunidad cristiana y que abarcaba un periodo adecuado de preparación al bautismo. Se hallaba plenamente desarrollada hacia fines del siglo II. Se trataba de una catequesis prebautismal bien articulada que formaba a quienes aspiraban a hacerse cristianos y que en este tiempo de preparación eran llamados *catecúmenos* (los que son instruidos)[6].

¿Qué labor e importancia tenían los catequistas en este proceso de catecumenado? El primer momento que tenían los candidatos para acceder al catecumenado, después de haber escuchado la predicación del

---

[6] Para todo este punto, además de la información que aparecen en las tradicionales historias de la catequesis, es necesario hacer mención del estudio de: R. MURAWSKI, *Storia della catechesi 1. Età antica*, Roma 2021.

Evangelio, es la presentación en la comunidad. Son conducidos a los catequistas que les interrogan acerca de los motivos de la conversión y se les hace el escrutinio consistente en tres tipos de preguntas: en las primeras, se les cuestionaba sobre los motivos de su conversión, ya que no se puede excluir que alguno entrase en contacto con el cristianismo por curiosidad, por la fascinación que provocaba la nueva religión o por motivaciones sociológicas; después vendrían las preguntas sobre las condiciones de vida y sobre el trabajo desarrollado.

A continuación, venía la catequesis, que era el elemento más importante del catecumenado. De los autores del primitivo cristianismo, no podemos tener muchas informaciones, ya que se daba más importancia a la información específica del bautismo y menos a la enseñanza. Según algunos autores, la enseñanza a los catecúmenos se celebraba durante la liturgia de la Palabra, aunque hay otras teorías. Lo que nos interesa saber para nuestro artículo sería cómo eran los responsables de la enseñanza, que hoy llamaríamos catequistas. A estos catequistas se les llamaba "doctores" y eran enseñantes-catequistas, como Justino, en Roma, Clemente, en Alejandría, u Orígenes, en Antioquía, pertenecientes a escuelas teológicas privadas, que aseguraban la preparación de los candidatos al bautismo.

Tomamos la *Traditio*, documento de los primeros siglos del cristianismo, donde nos muestra el desarrollo que ha tenido el catecumenado y también incluye a los catequistas. Anteriormente, la preparación de los catecúmenos tenía lugar dentro de la asamblea litúrgica de la comunidad, con la diferencia de que era el maestro (el doctor-catequista), incluso un laico, quien presidía esta preparación.

En su tratado *De baptismo*, Tertuliano no habla directamente de los maestros, sino principalmente de los ministros del bautismo, pero se puede deducir de sus discursos que quienes tenían derecho a bautizar también tenían derecho a enseñar; los que bautizaban enseñaban[7].

Cipriano, obispo de Cartago, confirma que a mediados del siglo III existían miembros del clero, especialmente formados para enseñar a los

---

[7] Cf. Tertuliano, *Fuentes patrísticas 18. El bautismo, la oración*, Madrid 2006.

catecúmenos. En su *Carta 29*, menciona que había ordenado al confesor Optatus, un subdiácono elegido "entre los lectores para que enseñen a los catecúmenos, después de evaluar si tenía todas las cualidades que deben estar presentes en quienes se preparan para ingresar en el clero[8]. No se sabe con certeza si la tarea de catequizar era solo suya o si apoyaban a los maestros laicos en esta labor. A partir de los testimonios relatados, se perfila una tendencia que consiste en que la responsabilidad de la preparación para el bautismo y la enseñanza de los catecúmenos pasó gradualmente a manos de quienes tenían un cargo en la comunidad cristiana, es decir, los obispos y los que actúan bajo su mandato, los sacerdotes y los diáconos.

Después de tres años de preparación guiada por el catequista, llegaba la preparación próxima y, a partir de este periodo, los catequistas pierden importancia y toda la formación recae en el clero.

4 EL CATEQUISTA DURANTE LA EDAD MEDIA (SIGLOS V-XV)

Durante la Edad Media, los catequistas, tal como los entendemos hoy, están prácticamente desaparecidos en la pastoral eclesial. En una sociedad de cristiandad, los medios más habituales, para la formación cristiana para unos destinatarios, que en su mayoría eran analfabetos, eran los siguientes: el primero de ellos la impregnación ambiental, como bien confirma el catequeta Jungmann.

> Un factor, en verdad decisivo, de la formación religiosa del pueblo, particularmente en la Edad Media, es que la vida de la comunidad está completamente impregnada de sentido religioso. Se aprendía la fe cristiana como se aprende la lengua materna, sin arreglo a un plan. El pensamiento religioso se nutría no tanto de fórmulas conceptuales cuanto de instituciones sólidas[9].

Después del ambiente, está la catequesis que se daba en la familia: los padres escuchaban las predicaciones en la Iglesia, y luego todo lo escuchado se lo transmitían a sus hijos, ayudados por los padrinos; la cele-

---

[8] Cipriano de Cartago, *Obras completas 1*, Madrid 2013, 508-509.
[9] J. A. Jungmann, *Catequética*, Barcelona 1966, 28.

bración de los sacramentos también era un buen lugar de catequesis; las escuelas monacales donde acudían los aspirantes a sacerdotes y monjes; los cantos, las reliquias de los santos, los diferentes objetos "cuasi mágicos" de la religiosidad popular; las escenificaciones realizadas en la calle de textos bíblicos y religiosos; y como no, la evangelización "con los ojos" a través de las pinturas, esculturas y templos del arte medieval. Por tanto, en esta era tan amplia de la historia en siglos, no son necesarios los catequistas laicos de la parroquia dedicados a la formación de los niños[10].

5 LAS ÓRDENES MENDICANTES. PREDICACIÓN LAICAL (SIGLO XIII)

En la sociedad medieval del siglo XIII, nacen las llamadas órdenes mendicantes para dar respuesta a las necesidades espirituales de los hombres y mujeres que anhelan una vida cristiana auténtica y profunda.

Las nuevas órdenes religiosas, con Domingo de Guzmán (Caleruega, 1170-1221), fundador de los Frailes Predicadores, y con Francisco de Asís (1182-1226), fundador de los Frailes Menores, se hicieron mendicantes. Pronto los dominicos y los franciscanos fueron escogidos por los obispos como "asistentes y cooperadores" para instruir y educar a los fieles en la vida cristiana y llevar a cabo todo lo que es necesario para la salvación de las almas.

Las dos órdenes se arraigaron en las ciudades como lugares esenciales de su predicación y actividad y, mediante el uso de la palabra que llevaron a gran perfección técnica, educan a los laicos para que pongan a Cristo y al Evangelio en el centro de sus vidas. Georges Duby afirma:

---

[10] Para una mayor información sobre la catequesis en la Edad Media, se encuentran, entre otras: L. RESINES, *La catequesis en España. Historia y textos*, Madrid 1997, 3-44; A. LÄPPLE, *Breve historia de la catequesis*, Madrid 1988, 54-71; J. A. JUNGMANN, *Catequética*, 22-30; L. CSONKA, *Historia de la catequesis*, en: G. DHO, L. CSONKA y G. C. NEGRI, *Educar 3. Metodología de la catequesis*, Salamanca 1966. También: L. LA ROSA, *Storia della catechesi 2. Dire Dio nel Medioevo*, Roma 2022.

Los dominicos y los franciscanos, frailes mendicantes que no querían poseer nada, juntos, en el transcurso del siglo xiii, transformaron el cristianismo en lo que nunca había sido: una religión popular. No dudo en afirmar que lo que queda del cristianismo entre nosotros hoy día proviene de esta sustitución, realizada en el momento decisivo[11].

De hecho, durante siglos, numerosos y fervientes misioneros y pastores llegaron a la Iglesia procedentes de estas dos órdenes.

- Los franciscanos se dirigieron principalmente a las clases más pobres, a las que dieron el ejemplo de trabajo duro y pobreza total. Juntos ofrecieron una salida a los anhelos espirituales que habían encontrado una respuesta inicial en los círculos heréticos, y orientaron así a la población cristiana dentro de la ortodoxia.
- La labor de los dominicos se dirigió sobre todo a la parte socialmente más elevada de la sociedad clerical y secular, mediante la difusión de la doctrina teológica y el ascetismo riguroso.

Domingo quería que sus frailes transmitieran al pueblo lo que ellos mismos habían contemplado en la oración; tenían que saber combinar la fe, la inteligencia y la unión con Dios. En sus estudios, los clérigos podían escuchar sermones para la propia formación intelectual y religiosa y realizar ejercicios prácticos de predicación. No solo se convirtieron en grandes predicadores, sino también en grandes vulgarizadores, para difundir la educación popular en las parroquias.

Francisco de Asís, formando con sus seguidores una comunidad de iguales —entre los frailes menores ya no había división entre nobles y pobres, entre letrados e iletrados, entre clérigos y laicos—, todos unidos por el amor a la pobreza y teniendo el mundo como su claustro, lanzó un mensaje de conversión y de paz, de alegría y de perdón, de fraternidad universal, como signo de un nuevo mundo alejado del poder del dinero y de la violencia; porque dicha comunidad está enteramente consagrada a la adoración de Dios y al servicio de los pobres. Los seguidores de Francisco marcaron profundamente la religiosidad popular al predicar en las plazas, en las calles y en los hogares, donde la gente vivía. Alimentaron

---

[11] G. Duby, *L' Europa nel Medioevo*, Milano 1987, 110.

al pueblo con la devoción mariana, guiándolas a participar en sus "alegrías" y sus dolores por ser hijos dignos de la Madre de toda misericordia. Presentaron la vida cristiana como un camino escatológico y como un progreso espiritual, basado en "recordar" a Dios y a Cristo, manteniéndolos firmemente presentes ante los ojos del corazón[12].

6 LOS CATEQUISTAS LAICOS EN LA ÉPOCA DEL CATECISMO. INFLUENCIA DEL CONCILIO DE TRENTO (SIGLO XVI)

Sea cual sea su enfoque, la catequesis y el catecismo, que es un instrumento, se confían sobre todo al párroco a partir del Concilio de Trento. De hecho, según el pensamiento del dispositivo tridentino, es el responsable por excelencia del ministerio de la catequesis y él mismo es el catequista en su propia parroquia. Naturalmente, encuentra sus primeros colaboradores en los demás sacerdotes de la zona y en las familias religiosas de vida activa, algunas de las cuales profesan como objetivo explícito la formación catequética del pueblo cristiano[13].

Sin embargo, es interesante observar que, en la edad moderna, incluso antes de Trento, pero también después, se testimonia una importante presencia de catequistas laicos. Esto es posible sobre todo gracias a una serie de iniciativas "desde abajo" que datan de finales del siglo XV. En ese momento, de hecho, en el contexto de una renovada atención civil y eclesial al mundo de los jóvenes, se crearon varias escuelas, compañías o cofradías para impartir enseñanza religiosa y un curso básico de alfabetización, especialmente de los jóvenes de las clases trabajadoras. Estas organizaciones nacieron del celo apostólico de laicos individuales o de grupos de laicos dirigidos por un sacerdote, que asumieron la tarea de enseñar la doctrina.

La experiencia más conocida a este respecto es sin duda la del sacerdote de Castellino da Castello (c. 1476-1566), que, con la colaboración de

---

[12] Cf. L. La Rosa, *Storia della catechesi 2. Dire Dio nel Medioevo*, 248-251.

[13] Sobre lo que trata este punto, cf. G. Biancardi y U. Gianetto, *Storia della catechesi 4. Il movimiento catechistico*, Roma 2016, 46-48.

un círculo de laicos que eran sus discípulos espirituales, en 1536 dio el inicio en Milán de una compañía de catequistas dedicada al servicio de la catequesis y luego a un embrión de alfabetización. La iniciativa iba a tener un éxito extraordinario, difundiéndose rápidamente gracias también al apoyo decisivo de san Carlos Borromeo (1538-1584), los jesuitas y los papas. Dio lugar en muchos ámbitos eclesiales a esas Cofradías de la Doctrina Cristiana, cuyo establecimiento en cada parroquia fue exigido por la autoridad vaticana todavía a mediados del siglo xx.

También en la compañía de Castellino da Castello el objetivo principal era la enseñanza del catecismo, a la que se subordinaba una primera introducción a la lectura y, en menor medida, la escritura. Toda la actividad de la institución de este tipo aprovechaba la contribución decisiva de los catequistas laicos y laicas. Las recurrentes y comprensibles sospechas de las jerarquías eclesiásticas, temerosos de posibles afirmaciones de herejía en la "base" eclesial, son incapaces de extinguir este impulso catequético laico. Tanto es así que, tras un periodo inicial de adaptación, a medida que el trabajo se va extendiendo, se va estructurando de tal manera que la presencia de los laicos es preponderante.

Estos son, de hecho, los verdaderos y propios catequistas que a menudo tenían el título de obreros y obreras, los que les asisten son también laicos: consejeros, cancilleres o secretarios, porteros y los que facilitaban el silencio, es decir, asistentes que vigilan la disciplina de los catequizandos. El organigrama también prevé la figura de los pacificadores, encargados de resolver posibles desacuerdos, así como la de los enfermeros, cuya función es llevar a cabo las obras de misericordia corporales entre las familias de los catequizandos. Laico también es el pescador, llamado a la ingrata tarea de recorrer las calles de la parroquia para recordar a todos, niños y padres, su deber de participar en el catecismo.

Por lo general, los miembros del clero solo participaban en su ministerio sacerdotal específico. Y esta connotación laica original siguió caracterizando la iniciativa incluso después de las intervenciones de Borromeo, que reorganizó radicalmente la compañía o escuela y la vinculó estrechamente a la parroquia, necesariamente la clericalizó un poco.

7 LOS HERMANOS DE LAS ESCUELAS CRISTIANAS. EL MINISTERIO DEL CATEQUISTA (SIGLOS XVII-XVIII)

Una de estas órdenes más relacionadas con la catequesis son los Hermanos de las Escuelas Cristianas, fundada por el sacerdote francés san Juan Bautista de la Salle. Él dedicó su vida a la educación de los pobres y es conocido como un reformador de la educación cristiana a principios del siglo XVIII. El 15 de mayo de 1950, el papa Pío XII lo declaró patrón universal de los educadores cristianos. Su objetivo era la enseñanza de los niños pobres y abandonados. La Salle aplicó el Concilio de Trento en la Iglesia francesa. Inició a los maestros laicos en el "ministerio" de ser educadores cristianos. Tenían que pasar por un periodo de discernimiento para demostrar que tenían una vocación por la educación de la fe católica. El mismo La Salle dedicó plenamente su vida espiritual y realizó todo su compromiso pastoral a la educación en las escuelas, que se alineó con cuatro decisiones características:

- Lo que perseguía era la salvación del niño, solamente a través de una educación religiosa firmemente arraigada en el dogma, a través de una vida eclesial sacramental, a través de un comportamiento moral concreto y a través de una educación laica que prepara a los alumnos para su vida profesional, que les permite conseguir un empleo.

- Con un nuevo tipo de profesor-catequista que era el eje central de su modelo de escuela. Las personas se convierten en maestros porque siguen una llamada divina. Pensaba en sus escuelas como la obra de Dios. La integridad y la devoción garantizarían la calidad de la educación ofrecida.

- Apostó por laicos que se comprometieran con la educación cristiana de los niños. Dentro de la Iglesia, ocupaban una posición distinta. No eran ni miembros del clero ni monjes ni laicos ordinarios. Fue una auténtica revolución.

- Desarrolló una pedagogía escolar particular que extraía su fuerza y calidad de la integración de una vida personal de fe y de la tarea pedagógica[14].

---

[14] San Juan Bautista de la Salle es uno de los santos más estudiados, debido al esfuerzo ingente realizado a partir de los años cincuenta del siglo pasado por los Hermanos de las

La Salle escribió muchas obras al servicio de las comunidades y al servicio de la Iglesia, pero hay que conceder una gran importancia a una obra compuesta por dieciséis meditaciones, conocida con el nombre de *Meditaciones para el tiempo de retiro*[15]. Era un libro no solo dedicado a los hermanos, sino que estaba dedicado a "todos aquellos que se dedicaban a la educación de la juventud".

Al principio estas meditaciones lanzan una mirada de fe sobre las realidades donde viven los hijos de los artesanos y los pobres: incapacidad de sus padres para darles educación, conflicto entre su vida material y esta educación, falta de formación cristiana de sus padres para transmitirles la fe (*cf. MTR* 193,2). Dios concede a los niños maestros que cumplan esta obra, que les anuncien el Evangelio, "por lo cual debéis honrar vuestro ministerio procurando salvar a algunos de ellos" (*MTR* 193,3). Dios os ha constituido sus ministros para reconciliaros con él.

Meditaciones para el tiempo de retiro precisa los medios prácticos para ejercer este ministerio: el establecimiento de las escuelas cristianas (*cf. MTR* 194). Está claro que la escuela cristiana es el lugar donde se desarrolla el ministerio de sus maestros. Las meditaciones recuerdan a los ministros de Jesucristo los dones que han recibido y la exigencia de dar cuenta del uso que hayan hecho de los mismos. "En el empleo que ejercéis sois los embajadores y ministros de Jesucristo; por consiguiente, tenéis que desempeñarlo como representantes suyos" (*MTR* 195,1-2). La identidad del ministro debe ser visible y reconocida por sus alumnos. Jesús, que quiere que estos miren al maestro como a él mismo, concede autoridad sobre ellos. El Espíritu Santo ayudará a superar los obstáculos

---

Escuelas Cristianas en los llamados "estudios lasalianos". Su bibliografía es inmensa. Sin embargo, a la hora de redactar estas líneas, me he servido de alguien fuera de la institución lasaliana que quedó impresionada por este santo francés. Se trata de la catequeta lituana Birute Briliute en su intervención en el Congreso "Catequesis y catequistas para la nueva evangelización", celebrado en Roma del 16 al 18 de septiembre de 2021. El título de su intervención fue: *"The catechist in the light of Antiquum ministerium"*.

[15] El texto se puede encontrar en: HERMANOS DE LAS ESCUELAS CRISTIANAS, *Obras completas de San Juan Bautista de La Salle 1*, Madrid 2001, 579-612. Un comentario a estas meditaciones en: M. A. CAMPOS, *Itinerario evangélico de san Juan Bautista de la Salle 2. El uso de la Escritura en las "Meditaciones para el tiempo del retiro" de SJBS*, Madrid 1988. Su numeración a partir de la edición de 1922 va de la 193 a la 208.

que se oponen a su salvación (*MTR* 195,1). El maestro-catequista debe leer el Evangelio para estudiar el modo como Jesucristo formaba a sus apóstoles, que eran sus cooperadores en el ejercicio del ministerio.

Para La Salle, la Iglesia, animada por el Espíritu, crea los ministerios que necesita para desarrollarse y cumplir su misión, porque la principal tarea de la Iglesia consiste en instruir a los bautizados, en anunciarles el Evangelio, según el ejemplo dejado por el mismo Jesucristo. Entiende, por tanto, que el ministerio de la educación cristiana está dentro del ámbito de los ministerios de la Iglesia. Como el resumen de su pensamiento, se dice lo siguiente:

> Ponderad aquello que dice san Pablo: "Es Dios quien ha establecido en la Iglesia apóstoles, profetas, doctores" (1 Cor 12,28); y os convenceréis de que es Dios también el que os ha constituido en vuestro empleo. Una de las señales que de ello os da el mismo santo es que hay diversidad de ministerios y diversidad de operaciones, pero que el Espíritu Santo se manifiesta en cada uno de esos dones para la utilidad común; quiere decir, para utilidad de la Iglesia. Que a uno le es dado por el Espíritu Santo el don de hablar con sabiduría, a otro el don de la fe por el mismo Espíritu (1 Cor 12,5-9). [...] Al llamaros para tan santo ministerio, os exige Dios que lo desempeñéis con celo ardiente por la salvación de los niños; pues esa es la obra de Dios (*MTR* 200,1).

Sin lugar a duda, san Juan Bautista de la Salle debería ser el patrono de los ministerios laicales en la Iglesia. Todo lo que dijo él hace tres siglos coincide con lo que hoy se entiende con el papel del catequista, que debe ser una vocación, una llamada divina, y, por tanto, necesita el discernimiento y la bendición de la Iglesia. También debe tener una gran preparación y formación para ejercer con competencia su labor[16].

8 OTRAS CONGREGACIONES DE HERMANOS (SIGLO XIX)

El influjo de la intuición lasaliana se extendió a otros ambientes. En el siglo XIX, nacieron algunas congregaciones religiosas laicales que se vie-

---

[16] Para ampliar esta información es muy interesante el texto de: H. RAHARILALAO y A. HOURY, "Ministerios", en: *Temas lasalianos* 3, Roma 1998, 215-230.

ron totalmente influenciadas por la espiritualidad lasaliana y por su manera de entender los ministerios en la Iglesia[17].

Fue la Revolución francesa (1789) la que, al privar de su existencia legal a los Hermanos de las Escuelas Cristianas, provocó la fundación de varias congregaciones semejantes durante los primeros decenios del siglo XIX, porque las diócesis y las parroquias pedían la restauración o la creación de escuelas cristianas, cuya valía habían apreciado en la época anterior a la Revolución; pero los Hermanos de La Salle no pudieron atender a tantas peticiones porque habían quedado reducidos prácticamente a la nada; y ellos mismos tuvieron que iniciar una lenta y larga labor de restauración a lo largo del mismo siglo XIX. También el siglo XX vería la aparición de muchas de estas congregaciones laicales.

En diversos lugares, algunos sacerdotes celosos, al estilo del propio san Juan Bautista de la Salle, crearon algunas escuelas con la ayuda de maestros deseosos de entregarse a la educación de la niñez y juventud. La mayor parte de estos institutos se inspiraban tanto en la organización práctica como en los textos espirituales de los Hermanos de las Escuelas Cristianas, aunque cada fundador haya expresado su propio carisma a través de una enseñanza propia y específica.

Aunque estos institutos son plenamente laicales, algunos de ellos han previsto la posibilidad de que algunos hermanos sean ordenados de sacerdotes para la atención espiritual, tanto de los propios hermanos como de los niños y jóvenes que acuden a sus centros educativos. Destacamos los más importantes:

— *Hermanos Maristas* o *Pequeños Hermanos de María*, fundados por san Marcelino Champagnat en la Valla (Francia) y aprobados por la Santa Sede en 1863. San Marcelino había sido uno de los fundadores de la Sociedad de María. Y precisamente en las reuniones con los miembros de esta sociedad se había percatado muy pronto de la necesidad de que con los sacerdotes cooperasen algunos hermanos laicos que se ocuparan de los niños y de los jóvenes, que por los efectos de la Revolución estaban necesitados de una urgente evangelización

---

[17] *Cf.* J. Álvarez Gómez, *Historia de la vida religiosa* 3, Madrid 1990, 428-432.

en las escuelas. San Marcelino Champagnat inició su obra con tres jóvenes semianalfabetos. Ellos fueron la primera célula de un instituto de hermanos dedicados a la enseñanza, que con el correr del tiempo alcanzaría una gran expansión por todo el mundo. Del noviciado de Nuestra Señora de L'Hermitage salieron generaciones y generaciones de nuevos hermanos maristas que se dispersaron por las diócesis de Francia. Aunque el propio fundador decía que todas las diócesis del mundo entraban en sus miras, no pudo ver en vida la gran expansión mundial de sus Hermanos Maristas que preanunciaba la expedición misionera que él mismo preparó para Oceanía.

— *Hermanos de San Gabriel*. Esta congregación constituye un caso curioso a causa del problema histórico de quién fue su verdadero fundador; hasta el punto de que la Santa Sede designó una comisión que dilucidase históricamente la cuestión, la cual se inclinó a favor de la paternidad de san Luis María Grignion de Montfort. En 1715, san Luis María Grignion de Montfort admitió a la profesión religiosa a algunos colaboradores laicos, a los que, posteriormente, les confió también tareas educativas, dándoles el nombre de Hermanos del Espíritu Santo. Pero no consiguió darles, antes de morir, una consolidación ni numérica ni jurídica. La expansión y consolidación de estos hermanos fue obra, sobre todo, del padre Gabriel Deshayes, superior general de la congregación montfortiana desde 1821. En su honor se le dio el apelativo de "San Gabriel", primero a una casa, y después a toda la congregación. La espiritualidad de los Hermanos de San Gabriel es netamente montfortiana. Su misión apostólica se centra en la educación de la niñez y juventud, con el matiz de una especial dedicación a los sordos y mudos.

— *Hermanos de la Doctrina Cristiana de Ploërmel* o *Hermanos Menesianos*, fundados por Juan María de la Mennais (1780-1860) con la colaboración de Gabriel Deshayes, párroco de Auray, en 1819. El fundador le imprimió un carácter fuertemente misionero, de modo que, al morir él en 1860, más del veinticinco por ciento de los hermanos se hallaban en territorios de misión.

— *Hermanos de la Sagrada Familia de Belley*, fundados por el Hermano Gabriel Taborín (1799-1864) en Belmont (diócesis de Belley) (Francia) en 1835; y aprobados por la Santa Sede en 1841. Además de la educación cristiana de la niñez y juventud, asumieron desde el principio tareas apostólicas en colaboración directa con el clero en la liturgia y en la catequesis.

— *Hermanos de Nuestra Señora de la Misericordia*, fundados por monseñor Víctor Scheppers (1802-1872) en Mechelen (Bélgica) en 1839, y aprobados por la Santa Sede en 1857.

— *Hermanos de la Doctrina Cristiana*, fundados en 1817. El benedictino Dom Frécherd quiso completar la acción de los hermanos organizando una asociación que utilizará la misma metodología y espiritualidad, pero que permite acudir de uno a uno a las aldeas.

— *Pequeños Hermanos de Jesús* y *Pequeños Hermanos del Evangelio* son dos familias religiosas afiliadas a la espiritualidad del hermano Carlos Eugenio de Foucauld (1858-1916), cuya característica fundamental está marcada por el deseo de vivir el Evangelio en medio de los más pobres y humildes.

— *Christian Brothers of Ireland*. La fórmula lasaliana parece netamente francesa. Fuera de su patria no se copió, pero al menos hay que citarse a Ignatius Rice, que fundó una congregación adoptando casi íntegramente las constituciones lasalianas.

— *Hermanos del Sagrado Corazón*, fundados por el padre Andrés Coindre (1787-1866) en Lyon, en 1821, y aprobados por la Santa Sede en 1894[18].

9 EL MOVIMIENTO KERIGMÁTICO Y LOS CATEQUISTAS (SIGLO XX)

A finales del siglo XIX, comienza a ponerse en duda las bondades de los catecismos dedicados a la formación de los cristianos surgidos sobre todo a partir del Concilio de Trento. Teólogos, pedagogos, catequetas y

---

[18] Cada una de estas congregaciones tiene abundante bibliografía sobre sus fundaciones y carismas. Destaco, sin embargo, una obra global: P. ZIND, *Les nouvelles congrégations de frères enseignanats en France, de 1800 à 1830*, Saint-Genis-Laval 1969 (tres volúmenes).

pastoralistas comienzan a hacer nuevos aportes a la catequesis, como el "método de Múnich", la escuela activa, etc., pero es la corriente kerigmática de la catequesis la que reúne de manera armoniosa, equilibrada y coherente todo lo adquirido por el movimiento pedagógico, de renovación litúrgica, bíblica y teológica llevada a cabo desde finales del siglo XIX. Llega a su plena madurez, al menos en el plano de la expresión teórica y en el plano del consenso del movimiento catequístico, al final de los años cincuenta. Contiene en germen los principios fundamentales sobre los cuales se va a construir el conjunto de la renovación catequética contemporánea[19].

La catequesis debía centrarse en la persona de Cristo como buena noticia. El catequista debe entonces dar testimonio de Cristo vivo entre los cristianos. Este movimiento kerigmático, sobre la fe cristiana como "buena noticia", inició una interpretación más abierta y moderna de la educación religiosa. Sin embargo, los cambios radicales en la sociedad de la segunda mitad del siglo XX pondrían en tela de juicio la tradición de la enseñanza kerigmática en la Iglesia. Coincidió con el inicio de los cambios sociales, a menudo identificados como una abierta y rápida liberalización y secularización de la sociedad. Este nuevo reto exigió a los catequistas la búsqueda de nuevos métodos de catequesis. Se reafirma cada vez más la importancia del catequista y su formación.

10 EL CONCILIO VATICANO II Y UN NUEVO ECOSISTEMA ECLESIAL (1962-1965)

El Concilio Vaticano II fue el gran acontecimiento eclesial del siglo XX. En el mismo Concilio, los padres conciliares se hicieron varias preguntas: ¿qué es la Iglesia? ¿Para qué sirve? ¿Cuál es la buena noticia de Jesucristo? ¿Qué deben hacer todos los cristianos? A través de las constitu-

---

[19] Los dos artículos más brillantes sobre la renovación llevada a cabo por los movimientos catequéticos de la segunda mitad de siglo XX, incluido el movimiento kerigmático, son: V. AYEL, "Desplazamientos de una catequesis 1950-1980", en: *Sinite* 21 (1980) 131-153; y L. ERDOZAIN, "La catequesis hoy: de Nimega a Eichstätt a Medellin. Pulsación de seis Semanas Internacionales de Catequesis", en: *Sinite* 11 (1970) 267-296.

ciones dogmáticas *Lumen gentium* y *Gaudium et spes*[20], podemos encontrar las respuestas a esas preguntas:

- La Iglesia es pueblo de Dios, donde todos están al servicio de todos. Todos con la misma dignidad que da el bautismo.
- La misión fundamental de la Iglesia es la evangelización para llevar la buena noticia del reino de Dios a todos los hombres.
- Todos los cristianos están llamados por Dios a llevar la buena noticia de Jesucristo a través del testimonio y la palabra.
- El Espíritu Santo suscita carismas específicos en el pueblo de Dios para llevar adelante servicios y ministerios en la Iglesia.

Esta identidad redescubierta de la Iglesia como "pueblo de Dios" deja atrás aquella otra de "sociedad de los fieles cristianos". El desarrollo posterior se explicita como "comunión de comunidades", donde la comunidad es quien da origen a la institución: lo relacional está antes que la organización; la igualdad básica y fundamental entre todos, antes que las diferencias por cuestión de puestos y ministerios; la llamada común a la santidad, antes que las especificaciones vocacionales; etc.

Como consecuencia de este redescubrimiento –pero también de los cambios efectuados en la sociedad–, se inició un proceso reformador, no concluido, en las siguientes direcciones:

- Se pasa de una Iglesia de corte clerical...:

  - Una institución piramidal, una sociedad bien jerarquizada, donde unos pocos son los que poseen el mandato del apostolado y los demás son, como máximo, colaboradores sumisos.
  - Donde la presencia de los seglares en las instituciones apostólicas se mira como "un mal menor".
  - Donde no hay más ministerio que el "ordenado".
  - Donde el ser "profeta, sacerdote y rey" es privilegio y dignidad de unos pocos, la jerarquía.

---

[20] Concilio Vaticano II, constitución dogmática *Lumen gentium* sobre la Iglesia (21-XI-1964) y constitución dogmática *Gaudium et spes* sobre la Iglesia en el mundo actual (7-XII-1965), en: Concilio Vaticano II, *Constituciones, decretos y declaraciones*, Madrid 1993.

- A una Iglesia "pueblo de Dios":
  - "Comunión de comunidades", toda ella ministerial.
  - Donde todos tienen una igual dignidad que solo la da el bautismo.
  - Donde los seglares, al igual que los ministros ordenados y consagrados, son protagonistas, y no solo "objeto" de la evangelización, y ello no les viene por "cesión" de la jerarquía sino por los sacramentos de la iniciación.
  - Donde el sacerdocio común de los fieles y el de los presbíteros se ordenan el uno al otro sin que ello suponga preeminencia de nadie.
  - Donde cada uno, desde su vocación, desde su carisma, desde su ministerio, se convierte en signo para todos los demás.
  - Donde la misión, la única misión de la Iglesia, es compartida por todos.
- De una pastoral de cristiandad...:
  - Basada en una fe que se recibe como "herencia" y se mantiene con sacramentos y actos de piedad.
  - Donde la gran masa se sostiene con el catecismo y los mandamientos para salvarse.
  - Donde unos pocos son los evangelizadores, "apostólicos" o misioneros, y todos los demás son simplemente "fieles cristianos".
  - Donde la llamada a una mayor generosidad o radicalidad evangélica se identifica con entrar en la vida religiosa.
  - Donde los religiosos deben estar apartados del mundo, el cual se identifica con la gran masa de cristianos, pues se trata de una sociedad "cristiana".
- A una pastoral misionera:
  - Basada en la llamada permanente a la conversión, en una sociedad pluralista y secularizada.
  - Donde la fe se asume por opción personal y en referencia a una comunidad.

- Donde la llamada a la radicalidad evangélica se presenta como característica bautismal que se puede vivir en una diversidad de vocaciones cristianas.

- Donde todos los creyentes deben ser evangelizadores, sin necesidad de un mandato especial.

- Donde "el mundo" del que hay que huir no se identifica con un conjunto de personas, sino con un sistema de valores y estructuras que están infiltrados entre nosotros, en nuestra misma cultura.

Estas líneas de evolución van configurando poco a poco una eclesiología de comunión[21]. Quedan superados los esquemas divisorios "jerarquía-laicado" y "religiosos-no religiosos", o el trinomio "clérigos-religiosos-fieles", todos ellos tendentes a resaltar lo que diferencia sobre lo que es común. Y va afianzándose otro binomio como esquema más representativo de esta eclesiología de comunión: "comunidad-ministerios y carismas", donde la unidad precede y fundamenta la distinción[22]. Se subraya la condición cristiana común y, al mismo tiempo, la iniciativa libre y variada del Espíritu, que suscita en la Iglesia la riqueza de ministerios y carismas para la utilidad común; un esquema que valora, por tanto, las diferencias, pero de forma complementaria y subordinadas a la unidad.

El texto siguiente, escrito en esta clave, subraya muy bien el nuevo dinamismo relacional al que queremos referirnos. Imposible escribirlo en el contexto de la eclesiología de hace algunas décadas. El texto extraído de *Christifideles laici* (1988)[23] es de san Juan Pablo II:

> En la Iglesia-comunión, los estados de vida están de tal modo relacionados entre sí que están ordenados los uno a los otros. Ciertamente es común —mejor dicho, único— su profundo significado: el de ser modalidad según la cual se vive la igual dignidad cristiana y la universal vocación a la santidad en la

---

[21] "La eclesiología de comunión es la idea central y fundamental de los documentos del Concilio" (*ChL* 19.1, citando la segunda Asamblea General Extraordinaria, del Sínodo de los Obispos de 1985).

[22] B. FORTE, *Laicado y laicidad*, Salamanca 1987, 47. Clarificadora también la reflexión de: J. RIGAL, *Eglise en chantier*, Paris 1994.

[23] JUAN PABLO II, exhortación apostólica postsinodal *Christifideles laici* sobre vocación y misión de los laicos en el mundo (30-XII-1988).

perfección del amor. Son modalidades a la vez diversas y complementarias, de modo que cada una de ellas tiene su original e inconfundible fisionomía, y al mismo tiempo cada una de ellas está en relación con las otras y a su servicio (*ChL* 55.3).

11 *MINISTERIA QUAEDAM* Y UN DOCUMENTO EPISCOPAL DE 1973

San Pablo VI, en su carta apostólica en forma *motu proprio Ministeria quaedam* por la que reforma en la Iglesia latina la disciplina relativa a la primera tonsura, a las ordenes menores y al subdiaconado (15-VIII-1972)[24], comienza con las siguientes palabras:

> La Iglesia instituyó ya en tiempos antiquísimos algunos ministerios para dar debidamente a Dios el culto sagrado y para el servicio del pueblo de Dios, según sus necesidades; con ellos se encomendaba a los fieles, para que las ejercieran, funciones litúrgico-religiosas y de caridad, en conformidad con las diversas circunstancias. Estos ministerios se conferían muchas veces con un rito especial mediante el cual el fiel, una vez obtenida la bendición de Dios, quedaba constituido dentro de una clase o grado para desempeñar una determinada función eclesiástica (*MQ* 1).

Y más adelante añade:

> Además de los ministerios comunes a toda la Iglesia latina, nada impide que las conferencias episcopales pidan a la Sede Apostólica la institución de otros que por razones particulares crean necesarios o muy útiles en la propia región. Entre estos están, por ejemplo, el oficio de *ostiario*, de *exorcista* y de *catequista*, y otros que se confíen a quienes se ocupan de las obras de caridad, cuando esta función no esté encomendada a los diáconos (*MQ* 7).

Siguiendo las recomendaciones de Pablo VI, la Conferencia Episcopal Francesa, durante su asamblea de 1973, adoptó un texto de reflexión titulado: *¿Todos responsables en la Iglesia?*[25]. Los puntos de interrogación no nos deben desorientar: los autores invitan a dar una respuesta positiva.

---

[24] PABLO VI, *Ministeria quaedam* por la que se reforma en la Iglesia latina la disciplina relativa a la primera tonsura, a las ordenes menores y al subdiaconado (15-VIII-1972).

[25] ASSEMBLÉE PLÉNIÈRE DE L'ÉPISCOPAT FRANÇAIS, *Tous responsables dans l'Eglise?*, Paris 1973.

Dios no quiere salvar a los hombres aisladamente, fuera de todo lazo mutuo. Él construye su Iglesia con todos los que aceptan la propuesta evangélica. Al vivir de la plenitud del Espíritu, los bautizados reciben del mismo los dones que les permiten ser en este mundo la levadura por su actividad evangelizadora. Este mismo Espíritu les otorga, además, el ser en la Iglesia los animadores de su vida según los diversos aspectos que reviste: culto y oración, catequesis, formación apostólica, ayuda espiritual, servicios caritativos, etc.

Siguiendo la invitación del Vaticano II —escribe la Conferencia Episcopal Francesa—, tenemos que pasar de una Iglesia que descansa masivamente sobre el clero a una Iglesia que se apoye sobre la responsabilidad común de los cristianos, según la diversidad de sus ministerios. Los ministerios aparecen como funciones de servicio adjudicadas a ciertos cristianos. Además de los ministerios ordenados, podemos hablar en la Iglesia de ministerios instituidos, siempre que la tarea realizada:

- Responda a una exigencia de necesidad o de utilidad para el bien común de la comunidad.
- Revista y requiera la estabilidad de una misión duradera y definida.
- Esté reconocida por la comunidad mediante cierta institucionalización: por ejemplo, el compromiso público, la designación o el nombramiento.

En tal caso hablaríamos de ministerio plenamente instituido. Los autores piensan que la Iglesia debe ir más allá de lo que dice *Ministeria quaedam*, donde se trata de los ministerios litúrgicos que podrían ser confiados a laicos (y que antaño estaban reservados a los candidatos al sacerdocio).

Sin embargo, quizá por la dificultad de la recepción, a partir de ese momento los textos de la Santa Sede procuran evitar hablar de ministerios laicales, reservando el término "ministerio" a los ministros ordenados o para algunos casos de delegación muy explícita y excepcional (por ejemplo, en el caso de una persecución violenta). En este sentido es interesante lo que dice san Juan Pablo II en el conocido documento *Catechesi tradendae* (1979)[26]:

---

[26] JUAN PABLO II, exhortación apostólica *Catechesi tradendae* sobre la catequesis de nuestro tiempo (16-X-1979).

Esta contribución de los seglares, por la cual hemos de estar reconocidos al Señor, constituye al mismo tiempo un reto a nuestra responsabilidad de pastores. En efecto, esos catequistas seglares deben recibir una formación esmerada para lo que es, si *no un ministerio formalmente instituido*, sí al menos una función de altísimo relieve en la Iglesia (*CT* 71).

En 1982, la Congregación Romana para la Educación Católica publicó un texto titulado *El laico católico, testigo de la fe en la escuela*[27]. Los autores se abstuvieron con cuidado de emplear el término ministerio que, sin embargo, figuraba en los borradores previos que luego se hicieron públicos.

12 EL *DIRECTORIO DE LA CATEQUESIS* (2020) Y EL MINISTERIO DE LOS CATEQUISTAS

Al comienzo del tercer capítulo, el *Directorio de la catequesis*[28] habla de la importancia del ministerio del catequista, ya que "ocupa un lugar significativo e indispensable para el crecimiento de la fe. [...] Introduce en la fe y junto con el ministerio litúrgico, engendra a los hijos de Dios en el seno de la Iglesia" (*DC* 110). Como decía Amadeo Rodríguez Magro, obispo emérito de Jaén y antiguo presidente de la Comisión de Evangelización, Catequesis y Catecumenado de la Conferencia Episcopal Española, en una de sus cartas a los catequistas: "Queridos catequistas, os lo repito: sin vosotros no hay catequesis. El Señor os necesita como sus mediadores en el servicio de la fe"[29].

El *Directorio* indica que detrás de cada catequista hay una llamada, una elección, una vocación, y añade: "Gracias a esta llamada, el catequista se le hace partícipe de la misión de Jesús, que conduce a sus discípulos a entrar en relación filial con el Padre" (*DC* 112). Ser catequista es una gracia y un don, ya que la opción no está vinculada a mérito alguno,

[27] SAGRADA CONGREGACIÓN PARA LA EDUCACIÓN CATÓLICA, *El laico católico, testigo de la fe en la escuela*, Roma 1982.

[28] PONTIFICIO CONSEJO PARA LA PROMOCIÓN DE LA NUEVA EVANGELIZACIÓN, *Directorio para la catequesis*, Madrid 2020.

[29] A. RODRÍGUEZ MAGRO, "Sin vosotros no hay catequesis", en: *Religión digital* (24-IX-2013).

sino únicamente al misterio de la llamada del Espíritu. Cuando se pierde de vista que ser catequista es una llamada de Dios, comienzan los desánimos y las ganas de abandonar. Los catequistas son responsables de dar una respuesta a Dios.

En el *Directorio*, se dice que el catequista es servidor de la acción del Espíritu (*cf. DC* 113). En la introducción ya se reafirmaba la confianza en el Espíritu, que actúa y está presente en la Iglesia (*DC* 4a), y en el capítulo primero se dice que "actúa en aquellos a los que es enviado y a través de los cuales, en cierto modo, también debe ser reconocido; ya que Dios obra en el corazón del hombre" (*DC* 23). Esto lleva a dos consecuencias importantes: los catequistas deben ser dóciles al Espíritu, sabiendo que la gracia actúa en el ejercicio de su ministerio y que no solo opera en la Iglesia, sino que se derrama en el mundo y en el corazón de los hombres. Por tanto, una buena catequesis tendrá que ser dialogal, ya que no solo el Espíritu está en el catequista, sino en los catequizandos[30].

Hasta aquí algunos momentos históricos de la catequesis y los catequistas en la Iglesia. Dejemos la última palabra al papa Francisco cuando dice:

> No se puede negar, por tanto, que "ha crecido la conciencia de la identidad y la misión del laico en la Iglesia. Se cuenta con un numeroso laicado, aunque no suficiente, con arraigado sentido de comunidad y una gran fidelidad en el compromiso de la caridad, la catequesis, la celebración de la fe" (*EG* 102). De ello se deduce que recibir un ministerio laical como el de catequista da mayor énfasis al compromiso misionero propio de cada bautizado, que en todo caso debe llevarse a cabo de forma plenamente secular, sin caer en ninguna expresión de clericalización (*AM* 7).

---

[30] *Cf.* J. C. Carvajal, "Acogida del nuevo *Directorio para la catequesis*. Elemento para una lectura crítica", en: SCALA-AECA, *Encuentro Iberoamericano de catequetas,* Santiago de Chile 2020, 118-121; J. C. Carvajal, "Fundamentos teológico-pastorales para una renovación de la catequesis. Claves del *Directorio para la catequesis*", en: *Resonancias catequéticas* 3 (2001) 30.

2

FUNDAMENTACIÓN ECLESIÓLOGICA DE LOS MINISTERIOS: LA MINISTERIALIDAD DE LA IGLESIA

Eloy Bueno de la Fuente

Facultad de Teología
del Norte (Burgos)

El tema de los ministerios, en un primer momento desde el punto de vista pastoral, y posteriormente la ministerialidad de la Iglesia, como categoría eclesiológica, han entrado a formar parte del lenguaje eclesial a lo largo del periodo posconciliar. Este desarrollo se produce en la lógica del proceso de recepción de la eclesiología conciliar en íntima conexión con las necesidades pastorales de las comunidades eclesiales. Con la perspectiva que ofrece el tiempo transcurrido, se requiere una reflexión atenta y un discernimiento sereno sobre estos desarrollos para poder identificar el exacto estatuto de la ministerialidad y el sentido y alcance del despliegue ministerial, en una visión coherente de la eclesiología que permita elaborar los criterios fundamentales en el discernimiento concreto.

Desde nuestro punto de vista se puede identificar una lógica en el desarrollo sobre este tema: en un primer momento fueron los ministerios los que atraían la atención, debido a las necesidades pastorales y al deseo de promocionar la acción de los laicos en la Iglesia; a partir de ahí se fue abriendo camino la categoría *ministerialidad.* En el momento actual, conservando la validez y el sentido de este proceso, se requiere una visión inversa para captar todas sus implicaciones eclesiológicas: a partir de la ministerialidad descubrir el sentido de los ministerios y la figura de Iglesia que ello significa.

En ello está en juego no simplemente una cuestión de urgencia o de eficacia pastoral. En realidad se trata de la figura de la Iglesia y de la autoconciencia eclesiológica subyacente[1]: según la idea de ministerio, así será la figura de la Iglesia y la vivencia eclesial que tiene el conjunto de los bautizados. En ello actúa de un modo decisivo la *episteme* eclesiológica, cuya evolución resulta una tarea esforzada, por las resistencias que proceden del imaginario colectivo y de la rutina de siglos. El tema de los ministerios puede acabar en un callejón sin salida, sobre todo por la dificultad de rebasar el esquema tridentino, en el que se constata con claridad la identificación de modelo de Iglesia y modelo de ministerio; a un nivel aún más profundo y antiguo actúa el binomio clérigo-laico, que se fue imponiendo a partir del siglo III. Esa es la estructura fundamental de la *episteme* que debe ser transformada. El Vaticano II ha desplegado un modelo eclesiológico que implica un cambio de modelo ministerial. La nueva perspectiva abrió el espacio para hablar de ministerios y de ministerialidad; en esa inflexión nos encontramos todavía para lograr que produzca toda su potencialidad.

El tema en cuanto tal no constituye una novedad absoluta. De un modo u otro ha acompañado a la Iglesia desde su origen: el ministerio y los ministerios en la Iglesia están marcados por el devenir, han ido adoptando figuras diversas en función de la idea que la Iglesia tenía de sí misma, de su articulación interna y de las relaciones establecidas con la sociedad[2]. En nuestra actual situación (dado que no podemos adentrarnos en la fenomenología histórica, pero teniéndola en cuenta) nos centraremos en la inflexión de la que estamos siendo testigos y protagonistas, para captar sus presupuestos, su novedad y sus implicaciones.

Estamos en condiciones de afrontar una evaluación y verificación de este proceso. Es lo que ha intentado (o planteado) el Sínodo sobre la Sinodalidad, concebido precisamente como desarrollo creativo y contextualizado de la eclesiología conciliar. Por ello, arrancaremos nuestra exposición desde ahí, dado que nos ofrece una toma de conciencia eclesial y eclesiológica especialmente relevante. Desde la propuesta del Sínodo lanzaremos —en un segundo momento— una mirada al desarrollo

---

[1] El tema de los laicos apunta más allá, hacia la figura de la Iglesia: E. BUENO DE LA FUENTE, "¿Redescubrimiento de los laicos o de la Iglesia? Boletín bibliográfico 1985-1987", en: *Revista española de teología* 48 (1988) 213-249; 49 (1989) 69-100; 51 (1991) 475-500.

[2] B. SESBOÜÉ, *¡No tengáis miedo! Los ministerios en la Iglesia de hoy*, Madrid 1998.

iniciado en el Vaticano II, para finalizar con las coordenadas eclesiológicas y pastorales que dan sentido y consistencia a la ministerialidad de la Iglesia, y a la pluriministerialidad que puede generar en lo concreto de las prácticas eclesiales y de la figura de Iglesia[3].

1 LOS MINISTERIOS EN EL SÍNODO SOBRE LA SINODALIDAD

A lo largo del proceso sinodal el tema de los ministerios –y del ministerio– ha sido recurrente y constante. Desde el discurso programático sobre la sinodalidad (17-X-2015), Francisco recurrió a la imagen de la "pirámide invertida" para situar el papel y la función de los ministerios ordenados, apelando a la vocación de ser *minus* al servicio del conjunto de los fieles, dejando así espacio para la participación activa de todos de cara a la misión compartida. Iniciados los primeros pasos del Sínodo, desde el *Documento preparatorio* se habla con insistencia de la corresponsabilidad y de la participación de todos en la misión, que se prolonga en la fase continental con referencia más explícita a los ministerios. Así lo recoge el *instrumentum laboris* de la primera sesión de octubre de 2023:

> Todas las asambleas continentales se refieren a los ministerios en la Iglesia. [...] El proceso sinodal recupera una visión positiva de los ministerios, que lee el ministerio ordenado dentro del ministerio eclesial más amplio, sin oposiciones. Hay también una cierta urgencia por discernir los carismas emergentes y las formas apropiadas de ejercicio de los ministerios bautismales (instituidos, extraordinarios y de hecho) en el seno del pueblo de Dios (B.2.2).

El *Documento de síntesis* de la primera sesión del Sínodo sobre la Sinodalidad dedicó una atención notable al tema de los ministerios. Conviene subrayar tres aspectos:

– Pedía la verificación de la praxis actual y de la recepción de la innovación del Vaticano II sobre el diaconado permanente y sobre las indicaciones de *Ministeria quaedam* de Pablo VI.

---

[3] S. Noceti, "Ministerios y ministerialidad en y para una Iglesia sinodal", en: *Teología en clave sinodal. Ponencias del Congreso Latinoamericano y Caribeño*, Roma 2024, 167-186.

- Proponía la conveniencia de desarrollar ministerios adecuados a las necesidades actuales en función de los contextos.
- Se deposita de modo especial la responsabilidad de discernimiento en las iglesias locales en función de sus circunstancias y posibilidades. El número 8m reclama una mejor definición de la expresión "toda la Iglesia ministerial", debido a que está expuesta a malentendidos.

En el *Documento final*, aprobado de modo prácticamente unánime por la Asamblea sinodal, firmado y asumido por el Papa como expresión de su magisterio, el tema de los ministerios ocupa asimismo un papel relevante. De cara a nuestro objetivo, merecen ser resaltados algunos elementos. Tras dedicar el primer capítulo al "corazón de la sinodalidad", en el que reafirma que la sinodalidad es una dimensión constitutiva de la Iglesia y expone las bases sacramentales de la Iglesia sinodal —el bautismo en el dinamismo de la iniciación cristiana—, la parte segunda es dedicada a "la conversión de las relaciones", porque "son las relaciones las que sostienen la vitalidad de la Iglesia y animan sus estructuras" (n. 49).

La importancia concedida a las relaciones, para captar su verdadero alcance, debe valorarse desde el doble registro antropológico y teológico. Por un lado, desde el punto de vista antropológico, pone de relieve la dimensión personal de la experiencia eclesial, insistiendo en que la Iglesia debe alimentar y fomentar las relaciones, de modo que nadie se sienta excluido, y que todos puedan encontrar acogida, comprensión y hospitalidad. Por otro lado, desde el punto de vista teológico, insiste en que las relaciones concretas e interpersonales, aún en su fragilidad, deben transparentar la gracia de Cristo, el amor del Padre y la comunión del Espíritu, confesando de este modo con la vida entera de la Iglesia la fe en Dios Trinidad. De este modo, se indica el criterio fundamental para la figura de la Iglesia: la calidad evangélica de las relaciones comunitarias es decisiva para el testimonio que debe ofrecer el pueblo de Dios. Ello constituye un presupuesto y un requisito necesario de la sinodalidad: "Para ser una Iglesia sinodal es necesaria una verdadera conversión relacional" (n. 50) que sea capaz de cargar con el peso de las carencias, de la desconfianza recíproca, de las divisiones, de las relaciones heridas (nn. 55-56).

En este marco antropológico y teológico de las relaciones se sitúan los "carismas, vocaciones y ministerios para la misión": están enraizadas en la misma base sacramental y teológica que la sinodalidad, y por ello deben contribuir a que esta sea experiencia y vida real de cara a la misión. Como es lógico, se destaca el protagonismo del Espíritu Santo, que otorga sus dones de cara al testimonio y al anuncio del Evangelio en el seno de la comunidad:

En la comunidad cristiana todos los bautizados son enriquecidos con dones a compartir, cada uno según la propia vocación y condición de vida. Las diversas vocaciones eclesiales son expresiones múltiples y articuladas de la única llamada bautismal a la santidad y a la misión. La variedad de carismas, que tienen su origen en la libertad del Espíritu Santo, tiene como fin la unidad del cuerpo eclesial de Cristo (*cf. LG* 32) en los diversos lugares y culturas (*cf. LG* 12). Estos dones no son propiedad exclusiva de quien los recibe y los ejercita, ni pueden ser motivo de reivindicación para sí o para un grupo. Están llamados a contribuir tanto a la vida de la comunidad cristiana como al desarrollo de la sociedad en sus múltiples dimensiones, mediante una adecuada pastoral vocacional (n. 57).

A continuación, presenta una amplia fenomenología de los bautizados: hombres y mujeres, niños, jóvenes, personas con discapacidad, esposos, consagrados, laicos y laicas, teólogos, etc., que están llamados a encarnar de un modo peculiar el Evangelio en el horizonte de la misión. En este contexto, se señala la importancia de las Iglesias locales, a las cuales se pide:

Responder con creatividad y coraje a las necesidades de la misión, discerniendo entre los carismas algunos que conviene que adopten una forma ministerial, dotándose de criterios, instrumentos y procedimientos adecuados. No todos los carismas deben configurarse como ministerios ni todos los bautizados deben ser ministros ni todos los ministerios deben ser instituidos. Para que un carisma sea configurado como ministerio es necesario que la comunidad identifique una auténtica necesidad pastoral, acompañada de un discernimiento realizado por el pastor junto a la comunidad sobre la oportunidad de crear un nuevo ministerio. [...] En una Iglesia sinodal misionera se reclama la promoción de formas más numerosas de ministerios laicales, es decir, que no requieren el sacramento del orden, y no solo en el ámbito litúrgico (n. 66).

También en este marco de relaciones, vistas especialmente desde la Iglesia local, encuentra su puesto adecuado el ministerio ordenado, como "servicio a la armonía de carismas, vocaciones y ministerios". La figura del obispo es presentada especialmente desde esta óptica: se destaca su tarea de presidir una Iglesia local, relación que debe manifestarse con fuerza y claridad; su identidad debe ser situada en la trama de relaciones sacramentales con Cristo y con la porción del pueblo de Dios que le ha sido confiada; no debe desarrollar en soledad sus competencias, debe conducir a la unidad los dones que el Espíritu comunica a las personas concretas (nn. 69-70). En virtud de su fragilidad y limitaciones, "debe ser sostenido por una participación de todo el pueblo de Dios en la misión en una Iglesia auténticamente sinodal" (n. 71). En la misma lógica hay que entender el ministerio de presbíteros y diáconos (nn. 72-73).

En este escenario eclesial de conversión relacional se introduce una observación que abre el camino a exploraciones prometedoras. Teniendo en cuenta las dificultades que los pastores encuentran en el ejercicio de su ministerio, y a medida que se va redescubriendo la corresponsabilidad en el ejercicio del ministerio y la colaboración con otros miembros del pueblo de Dios, se pide:

> Una distribución más articulada de las tareas y de las responsabilidades, un discernimiento más valiente de lo que propiamente pertenece al ministerio ordenado y de lo que puede ser delegado en otros, [ya que] favorecerá el ejercicio de un modo espiritualmente más sano y pastoralmente más dinámico (n. 74).

Esta conversión y cambio de perspectiva acabarán teniendo repercusión en una toma de decisiones más claramente sinodal y en la superación del clericalismo como uso del poder en beneficio propio. De este modo, hay mayor espacio para que se desplieguen los carismas, para que se afirmen los ministerios y para que la comunidad eclesial manifieste y haga efectiva su ministerialidad como servicio a la misión:

> En respuesta a las necesidades de la comunidad y de la misión, a lo largo de su historia la Iglesia ha dado origen a ciertos ministerios, distintos de los ordenados. Estos ministerios son la forma que toman los carismas cuando son reconocidos públicamente por la comunidad y por los responsables de guiarla, y se ponen de manera estable al servicio de la misión (n. 76).

De modo más concreto se dice que los ministerios instituidos son conferidos por el obispo una sola vez en la vida, con un rito específico y tras un discernimiento adecuado, y con un estatuto eclesial y eclesiológico más preciso: "No es un simple mandato ni una asignación de competencias; la atribución del ministerio es sacramental, que configura a la persona y define su modo de participar en la vida y en la misión de la Iglesia" (n. 76).

A la luz de lo dicho, podemos situar el Sínodo sobre la Sinodalidad en concordancia con el Vaticano II, lo cual permite constatar que la sinodalidad misionera desarrolla el giro copernicano eclesiológico abierto por el Concilio. La inflexión mencionada anteriormente, podemos decir, encuentra en el Sínodo un punto de llegada que permite avanzar en una dirección claramente fijada.

El Concilio representó un momento de transición, en el que coexisten —sin una armonía perfectamente lograda— el doble registro de lo nuevo y de lo heredado. Significó ciertamente una "revolución" la inserción del capítulo segundo de *Lumen gentium* sobre el pueblo de Dios, que estableció como categoría clave el *christifidelis* —que incluía tanto a laicos como a ordenados—. Pero ello no influyó de modo suficiente en la redacción de los capítulos tercero y cuarto, dedicados respectivamente a la jerarquía y a los laicos. Por eso el capítulo cuarto, dedicado a los laicos, conserva todavía elementos de la "teología del laicado"[4], elaborada con gran fuerza y convicción en el periodo preconciliar.

De la misma lógica vive asimismo *Apostolicam actuositatem*, que quedó desdibujado en el proceso de recepción posconciliar, porque aún conservaba ecos de la teoría del "mandato" o de la "colaboración" con el ministerio de los pastores[5]. En el fondo sigue aleteando y actuando el binomio clérigo-laico, determinante de la *episteme* eclesiológica de los últimos siglos[6]. Algo semejante podríamos decir sobre la Iglesia local,

---

[4] G. Colombo, "La «teologia del laicato»: bilancio di una vicenda storica", en: AA. VV., *Laici nella Chiesa*, Leumann (Torino) 1986, 9-27.

[5] J. Grootaers, "Quatre ans après. Un texte qui est loin dejà", en: Y. Congar (ed.), *L'apostolat des laïcs*, Paris 1970, 215-237; el mismo Congar reconoce que tiene restos de la eclesiología antigua, tanto en el decreto como en el cuarto capítulo de *Lumen gentium*: "Apports, richesses et limites du Décret", en: *ibid.*, 158.

[6] E. Bueno de la Fuente, "La teología del laicado ante sus aporías", en: *Revista agustiniana* 32 (1998) 615-644.

cuya emergencia en el Vaticano II tiene lugar desde la prioridad o la primacía de la Iglesia universal, lo cual dificulta el reconocimiento de su identidad y protagonismo[7]. Desde estos presupuestos la ministerialidad no puede alcanzar su manifestación genuina. Falta, podríamos resumir, una más directa y concreta conversión de relaciones.

El Sínodo, por su parte, se mueve desde unas coordenadas que sitúan en un nuevo horizonte:

- La Iglesia es vista primariamente desde las relaciones personales, que dan contenido tanto a las imágenes o categorías *pueblo de Dios* o *comunión*.

- La comunidad cristiana –que encuentra en la Iglesia local su analogado principal– actúa como sujeto protagonista, que discierne y decide.

- El discernimiento lo realiza, a la luz de la Palabra de Dios y de la iluminación del Espíritu, desde las necesidades de la comunidad y de la misión.

- Los ministros ordenados existen como servicio a la unidad/armonía del conjunto, por lo que no deben considerar con temor o como amenaza la existencia de pluralidad de carismas o de ministerios.

- La ministerialidad eclesial no debe ser absorbida por uno solo de los ministerios, sino que es compartida por el conjunto de los bautizados y que debe expresarse de modos diversos, en un proceso siempre por explorar y desarrollar creativamente.

Desde el punto de llegada que constituye la reflexión del último Sínodo podemos lanzar una mirada hacia el pasado reciente, tomando como punto de referencia el Concilio Vaticano II, para valorar el proceso que se ha producido en la Iglesia católica, los logros que se fueron obteniendo, pero a la vez las resistencias –tantas veces inconscientes o injustificadas– que debían ser superadas para que la ministerialidad manifieste su pleno sentido y significado eclesiológico.

---

[7] Ello repercute en la escasa relevancia de la relación del obispo con su iglesia: *cf.* E. Bueno de la Fuente, "La relación del obispo con su iglesia: una paradoja del Vaticano II", en: *Burgense* 57 (2016) 309-354.

2 EL REDESCUBRIMIENTO DE LOS MINISTERIOS: LOGROS Y LIMITACIONES

La novedad que nos interesa destacar podríamos sintetizarla, según dijimos, en una fórmula: el redescubrimiento (o recuperación) de los ministerios se produjo por motivos pastorales para compensar la escasez de clero, en el marco de la teología del laicado y del binomio clérigo-laico. Ahora bien, por su propia dinámica apuntaba más allá, a una nueva figura de Iglesia, a la reconfiguración de la Iglesia[8]. En el momento de transición se apelaba a la necesidad de promocionar a los laicos, a los que se atribuían determinadas tareas o competencias, pero sin que ello alterara la *episteme* eclesiológica mencionada.

Como signo de la pervivencia de ese presupuesto, que actúa inconscientemente, podemos analizar una iniciativa reciente del papa Francisco de instituir el ministerio del catequista. Analizando con atención *Antiquum ministerium*[9], se constata un doble registro, fruto de la coexistencia de dos paradigmas eclesiológicos. El número 6 cita *Lumen gentium* (33) para justificar la institución de este ministerio: también los laicos son llamados a una colaboración más inmediata con el apostolado de la jerarquía, porque "ha crecido la conciencia de la identidad y de la misión del laico en la Iglesia"; remite a *Evangelii gaudium* (102). Aunque pueda parecer una sutileza teológica, esta afirmación suscita algunos interrogantes, cuya respuesta es importante para afrontar del modo adecuado la cuestión: ¿se trata de potenciar a los laicos o de concretar la ministerialidad eclesial? ¿Se pretende potenciar la condición de sujeto de la comunidad cristiana o de prestar una colaboración a unos pastores sobrecargados de tareas?

Es significativo que *Lumen gentium* (33) recurre a la misma terminología utilizada en *Apostolicam actuositatem* para justificar la existencia de la acción católica. Esta conexión de ideas suscita la sospecha de que, en realidad, el apostolado de la jerarquía ocupa el foco del escenario,

---

[8] J. RIGAL, *Descubrir los ministerios*, Salamanca 2002.
[9] FRANCISCO, carta apostólica en forma *motu proprio Antiquum ministerium* (10-V-2021).

51

pues los pastores son los auténticamente responsables. Con ello queda en la penumbra el fundamento bautismal de todo ministerio y de la corresponsabilidad de todos los bautizados. La subjetividad y el protagonismo de la comunidad eclesial, así como el discernimiento comunitario, quedan difuminados ante la polaridad pastores-laicos, aquellos serían en último término los verdaderos portadores del apostolado.

➊ La inflexión ("giro copernicano") del Vaticano II

El Vaticano II es el escenario de la tensión de un momento de transición: ofrece los presupuestos para un desarrollo más amplio, vincula de modo explícito los laicos y los ministerios, pero con ambigüedades terminológicas y por ello también prácticas.

El Vaticano II no surgió como un aerolito en el escenario eclesial, sino que recogió los fermentos que venían gestándose en la experiencia eclesial gracias a los diversos "movimientos eclesiales", que tienen directa conexión con nuestro tema: el movimiento litúrgico, el movimiento bíblico, el movimiento ecuménico, el movimiento misionero con la percepción de una urgencia evangelizadora desconocida hasta entonces, la experiencia de las iglesias jóvenes, la teología del laicado, el redescubrimiento de los padres y la variedad de situaciones eclesiales que reflejan, etc. Como signo de la novedad que se va abriendo camino puede valer una afirmación —ampliamente citada posteriormente— de Pio XII en el primer Congreso Mundial de Laicos: "Los laicos deben tener una profunda conciencia no solo de pertenecer a la Iglesia, sino de ser la Iglesia misma" (14-X-1951).

Este conjunto de factores facilitó una inflexión en la conciencia eclesial, que abrió perspectivas nuevas en el campo que nos ocupa: la dimensión carismática de la Iglesia flexibiliza la visión estrictamente institucional y jerárquica; la apertura pneumatológica completa y enriquece un planteamiento unilateralmente cristológico; la primacía otorgada a la imagen *pueblo de Dios* permite afirmar la igual dignidad de todos sus miembros y la corresponsabilidad efectiva superando la visión jerarcológica y piramidal de la visión anterior; la Iglesia como sacramento de salvación en favor del mundo amplía la imagen de una Iglesia alejada o segregada del mundo; la importancia dada a la Palabra y al compromiso en el mundo compensa la centralidad otorgada al culto o a la introversión; la recuperación de las Iglesias locales contrapesa la visión de una Iglesia centralizada y universalista; la Iglesia planteada y vivida desde el sacramento del orden es equilibrada con la perspectiva bautismal y con el sacerdocio común de los fieles. La figura del *christifidelis,* central en el capítulo segundo de *Lumen gentium*, adquiere un rango primario, atribuido previamente al clero o a la jerarquía.

En este marco y en este contexto hay espacio y justificación para vincular de modo más directo "laico" y "ministerio". En virtud del bautismo y del sacerdocio común, que otorgan participación en el *triplex munus* de Cristo, se debe reconocer la capacidad ministerial de todos los miembros del pueblo de Dios. Como fórmula especialmente afortunada podemos mencionar la afirmación de *Apostolicam actuositatem*: "Hay en la Iglesia diversidad de ministerios pero unidad de misión" (*AA* 2). Y asimismo se entiende la advertencia de *Lumen gentium*: "Los pastores son conscientes de que Cristo no los puso para que por sí solos se hagan cargo de la misión de la Iglesia" (*LG* 30).

Leyendo desde esta clave los textos conciliares, se puede constatar la abundancia de referencias a las actividades de los laicos, a los que se reconoce una consistencia eclesial de la que carecían antes. En estas referencias, sin embargo, se puede constatar la flexibilidad terminológica, que permite entrever la imprecisión conceptual. Dicho de modo breve: el espectro se mueve entre la base bautismal y la comunitaria de un lado, y de otro la colaboración con el apostolado de los pastores.

De las aproximadamente doscientas menciones al ministro o ministerios en el Vaticano II, diecinueve se refieren explícitamente a los laicos. Se refieren a un espectro amplio: *Apostolicam actuositatem* (22) denomina "ministerio" a la participación de los laicos en los trabajos de las asociaciones relacionadas con el apostolado; *Gaudium et spes* (38) aplica el término a las actividades ordinarias al servicio de la vida humana; *Gravissimum educationis* (8) considera ministerio o apostolado la enseñanza en las escuelas católicas o la enseñanza de la religión en las escuelas en general; de modo más amplio, *Ad gentes* considera ministerio la actividad de los catequistas (*AG* 15, 17), de la acción católica (*AG* 13), de quienes dirigen comunidades (*AG* 16), los mismos misioneros laicos (*AG* 26), etc.

De modo indirecto se puede constatar la misma lógica cuando se habla de los laicos que trabajan en la Curia diocesana como colaboración con el ministerio pastoral del obispo (*ChD* 27), o de los laicos que participan en "el ministerio de la Palabra y de los sacramentos" (*AA* 6); *Lumen gentium* (34-36) no usa "*ministerium*", habla de "*actio*", que podría fácilmente ser traducido en términos ministeriales.

❷ Periodo posconciliar: desarrollo ministerial

En el periodo posconciliar se hace habitual la terminología y la realidad de los ministerios, también en el lenguaje episcopal y pontificio[10]. El Sínodo alemán de 1975 dedicó un capítulo a "los ministerios pastorales en la comunidad", con especial atención a los "ministerios de los laicos". En 1977, la Conferencia Episcopal Italiana publicó *Evangelizzazione e ministeri*, que habla con normalidad de ministerialidad y de una Iglesia "*tutta ministeriale*" (n. 18); solo desde este presupuesto la Iglesia podrá comprometerse eficazmente en la evangelización y afrontar los graves problemas de la Iglesia hoy de cara a la edificación de la comunidad cristiana y de su misión en el mundo. El *Documento* del Consejo Episcopal Latinoamericano y Caribeño (CELAM) en Puebla (1979) sitúa los ministerios (nn. 804-805) desde la base de que la comunidad entera, sacerdotes y laicos, cada uno a su modo, participan de la función sacerdotal, profética y real de Cristo, ejerciéndola en su condición propia. No obstante, subyace como determinante o analogado principal el ministerio ordenado, desde la cual son pensados los ministerios no ordenados (*cf.* por ejemplo, *Evangelizzazione e ministeri*, 67).

Especial mención merece Pablo VI, porque en él encontramos la recepción de esta perspectiva y a la vez las resistencias que encuentra para desplegarse de modo efectivo. En *Evangelii nuntiandi* (1975) recoge y da carta de ciudadanía a la variedad ministerial que ha ido surgiendo en la Iglesia, de modo especial por la creatividad de algunas zonas de la Iglesia. En el discurso a la Asamblea General de la Acción Católica Italiana (25-IV-1977) la reconoce como "singular forma de ministerialidad laical". Mayor relevancia adquiere a nuestro juicio *Ministeria quaedam* (1972),

---

[10] S. Pie-Ninot, "Los ministerios confiados a los laicos", en: *Phase* 224 (1998) 133-153.

que introduce una quiebra en la tradición de la Iglesia latina al eliminar la tonsura y al fijar la entrada en el estado clerical con el diaconado. Ahora bien, en su proceso de recepción hace patente la ambivalencia en la que se mueve la nueva perspectiva:

- Replantea de modo novedoso la estructura ministerial tradicional del *"cursus clericorum"*, suprimiendo las "órdenes menores" pero manteniendo el lectorado y el acolitado como ministerios que tienen consistencia por sí mismos como servicios comunitarios realizados por laicos.

- Sin embargo, se destacan las funciones litúrgicas, quedan reducidos a los varones, y de hecho serán recibidos, de modo prácticamente exclusivo, por quienes se preparan para acceder al presbiterado. Se establece que debe ser recibido por estos, pero se indica expresamente que está abierto a otros.

❸ ¿Hacia una Iglesia enteramente ministerial?

En este periodo adquiere especial relevancia una iniciativa que sería considerada punto de referencia en la renovación pastoral de la época. Nos referimos a la Asamblea del Episcopado Francés de 1973[11], dedicada al tema: *¿Todos responsables en la Iglesia? El ministerio presbiteral en una Iglesia enteramente ministerial*. El mismo Congar, protagonista en aquel acontecimiento y en la reflexión teológica que lo acompañó, expresa su desagrado ante la expresión "una Iglesia enteramente ministerial", si bien reconoce que fue mantenida porque no encontraron más adecuadas otras expresiones que se barajaron: corresponsabilidad diferenciada, una Iglesia enteramente en servicio, una Iglesia de fieles responsables, una Iglesia de responsabilidades apostólicas repartidas. En cualquier caso, observa, tiene la ventaja de que aplica "ministerial" a toda la Iglesia y no solo al sacerdocio ministerial –esta expresión también contiene su ambigüedad, por lo que es preferible hablar de "ministerio sacerdotal" de modo análogo a como se habla de ministerio catequístico, litúrgico, etc.–.

---

[11] Asamblea del Episcopado Francés, *¿Todos responsables en la Iglesia? El ministerio presbiteral en una Iglesia enteramente "ministerial*, Santander 1975.

Para situar en un contexto más amplio esta reflexión, y valorarla de modo objetivo, conviene tener en cuenta una doble observación. Ante todo, a nuestro juicio, son determinantes las urgencias pastorales, que se concretan en la escasez de clero, que podría ser compensada con la mayor colaboración de laicos; esto plantea a la larga la cuestión de la identidad de los presbíteros en una Iglesia enteramente ministerial. Además, en aquel mismo periodo, Congar estaba "retractando" su anterior "teología del laicado", proponiendo como alternativa el binomio comunidad-ministerios[12]; de este modo se introduce también como alternativa a la corriente teológica que pretendía determinar la identidad (o la "esencia") del laico en la índole secular. Evidentemente se trata de una aportación positiva y enriquecedora. No obstante, aletea en ella una doble sombra: resulta utópico e irrealizable aspirar a que todos los bautizados asuman algún ministerio –como si no fuera suficiente el ser cristiano–, y además –aunque sea como oposición– todavía sigue actuando el binomio clérigo-laico.

No obstante, ya en aquel momento se percibe que el tema y la situación conducen más allá de las limitaciones que hemos señalado. Bouchex, que intervino para presentar el ministerio presbiteral en una Iglesia enteramente ministerial, despliega un horizonte más amplio que el de las urgencias pastorales concretas. El cambio requerido, señala con claridad, no es solo un asunto de técnica pastoral. Primeramente es cuestión de conversión: conversión del pueblo cristiano, apegado a una determinada imagen de Iglesia; conversión de los obispos, obsesionados con la disminución del número de sacerdotes; conversión de los sacerdotes, pues un porcentaje de ellos no saben ya para qué sirven o se preguntan incluso si son los últimos exponentes de una "raza".

Aunque él mismo arranca de la escasez de sacerdotes y de las tareas asumidas (o asumibles) por algunos laicos, discierne niveles y perspectivas que a nuestro juicio son fundamentales: subraya que lo primero, cuando prestamos atención a la Iglesia, no son las diferencias de papeles o de responsabilidades, ni la posible distribución de las funciones, sino el "nosotros", una realidad humana y eclesial, creada por el Espíritu

---

[12] Y. CONGAR, *Ministères et communion ecclésiale*, París 1971.

entre los que están unidos a Cristo y rezan al Padre. Desde ese presupuesto, propone como clave eclesiológica la Iglesia como sacramento de salvación: para serlo y por serlo tiene que ser enteramente ministerial. Con ello se presentan ya unas coordenadas fundamentales: el presupuesto trinitario, el protagonismo del "nosotros", la sacramentalidad fundamental de la Iglesia. Desde ahí encuentra un anclaje seguro la ministerialidad de la Iglesia, aunque queda por precisar su viabilidad concreta y la articulación de los diversos ministerios.

En el proceso de desarrollo ministerial se han levantado también voces que advierten de posibles derivaciones inadecuadas. De modo especialmente significativo hay que recordar el documento *Sobre algunas cuestiones acerca de la colaboración de los fieles laicos en el sagrado ministerio de los sacerdotes* (13-VIII-1997), elaborado por varios dicasterios de la Curia romana. Comienza reconociendo un principio fundamental: "Del misterio de la Iglesia nace la llamada dirigida a todos los miembros del cuerpo místico de Cristo para que participen en una comunión orgánica según los diversos ministerios y carismas". Indica igualmente que ha sido la convicción de los tres últimos sínodos de obispos, porque abre a los fieles laicos horizontes inmensos de compromiso.

En lo concreto, sin embargo, se muestra profundamente restrictivo. La unilateralidad de algunos juicios no debe ser óbice para tener en cuenta posibles unilateralidades en sentido contrario. Advierte frente a praxis que pueden tener consecuencias negativas para la entera comunión eclesial, como lo percibe en el lenguaje "incierto y confuso" del término "ministerio"; por ello insiste en que debe mantenerse la diferencia entre el sacerdocio ministerial de los obispos y presbíteros y el sacerdocio común de los fieles, pues esa diferencia ha de marcar los confines de la posible colaboración de estos en el sagrado ministerio; como ejemplo, indica que el fiel no ordenado puede ser denominado "ministro extraordinario" solo si es llamado por la autoridad competente a cumplir determinados encargos únicamente en funciones de suplencia[13].

---

[13] M. De Salis, "Laicado", en: *Diccionario de eclesiología*, Madrid 2016, 786-802.

❹ La ministerialidad como categoría eclesiológica y práctica eclesial

Hemos visto cómo ha ido surgiendo el tema de los ministerios en un contexto en el que se está transformando la situación de la Iglesia, se van agudizando los desafíos pastorales y se va ampliando y profundizando la autoconciencia eclesial[14]; ahora bien, este desarrollo se va abriendo camino en un marco eclesiológico dominado por el binomio clérigo-laico y por el deseo de potenciar a los laicos. Este dinamismo acabó dando carta de ciudadanía a la idea de "iglesia ministerial" y a la categoría "ministerialidad". Estas, sin embargo, para que puedan expresar adecuadamente su sentido y su alcance, deben ser situadas en otro marco eclesiológico[15].

❺ Una espiritualidad eclesial: la conversión al servicio

Este marco eclesiológico está sostenido por la sensibilidad eclesial que se había ido desplegando y consolidando en el Concilio Vaticano II a diversos niveles. La actitud espiritual es expresada de modo explícito por Pablo VI en el *Discurso pronunciado en una sesión especialmente solemne* (7-XII-1965). Al analizar el significado religioso del Concilio insiste en la necesidad que ha sentido la Iglesia por acercarse a la sociedad, de comprenderla y de servirla para transmitirle el mensaje del Evangelio. La Iglesia ha hablado con los hombres de nuestro tiempo como son, con "una única finalidad: servir al hombre en todas las circunstancias de su vida, en todas sus debilidades, en todas sus necesidades. La Iglesia se ha declarado en cierto modo la sirvienta de la humanidad". Como se ve con claridad, la actitud de servicio a los seres humanos tal como son sintetiza la experiencia espiritual y la conversión de la Iglesia en el itinerario conciliar.

Este modo de hablar, como no podía ser de otro modo, suscitaba reticencias o críticas en algunos sectores. El mismo Papa recoge esas objeciones: ¿no significa caer en un humanismo estrecho y limitado? ¿No pro-

---

[14] M. Morin, *Cambio estructural y ministerial de la Iglesia*, Bogotá 1979.

[15] F-J. Andrades, "Ministerio y ministerios en la Iglesia. Fundamentos teológico-eclesiológicos de su unidad y de su diversidad en el Concilio Vaticano II", en: *Pax et Emerita* 1 (2005) 13-155.

voca un alejamiento de las verdaderas cuestiones que deben interesar a la Iglesia, como son el dogma y la moral? ¿No ha sido una desviación de la mente de la Iglesia hacia la cultura del pensamiento actual? La respuesta de Pablo VI es clara y contundente: la Iglesia se acerca al hombre desde la ciencia que tiene de Dios, desde el conocimiento previo de Dios.

Y este Dios, de modo especial en Jesucristo, se ha revelado de modo patente: es un Dios que quiso hacerse hombre, como expresión del amor inmenso que tiene a los hombres; incluso más: "En el rostro de todo hombre [...] debemos reconocer el rostro de Cristo". ¿Cómo no adoptar por tanto la actitud de servicio como constitutiva de la Iglesia? El *minus* que asume la Iglesia en su ministerialidad es reflejo y proyección del Dios que se hace "menos" para acercarse al ser humano y del Cristo que no vino a ser servido sino a servir; ello no podía dejar de repercutir en el estilo de la Iglesia, que desde el principio recurre a la familia lingüística *diakonía* para designar a quienes desempeñaban alguna función (algún servicio, algún ministerio) en el seno de la comunidad eclesial.

3 ASPECTOS FUNDAMENTALES DE LA ECLESIOLOGÍA CONCILIAR

Esta "conversión espiritual" está en plena coherencia con la eclesiología conciliar, que se expresa claramente en la arquitectura de *Lumen gentium*. Vamos a señalar los aspectos fundamentales, destacando sobre todo la dimensión (inter)personal de las categorías teológicas. Desde esa perspectiva, la ministerialidad, como servicio y como misión, no son atributos aplicados a la Iglesia desde fuera –como un accidente suplementario–, sino que brotan de la entraña del misterio de Dios, en cuyo seno tiene sentido la Iglesia.

❶ Una Iglesia descentrada: sacramento universal como servicio

Misterio es la categoría central que abre *Lumen gentium*. Es necesario por ello precisar su exacto sentido: no se refiere simplemente a lo escondido de Dios, o a lo inaccesible por la razón humana; sino precisamente a su manifestación histórica, a su benevolencia en favor de los seres humanos y del conjunto de la familia humana. Es el designio salvífico del Padre: Dios, dirá *Dei Verbum* (2), sale al encuentro del hombre como amigo, como respuesta y compañía a sus incertidumbres y necesidades. Dios, podríamos decir, abandona el "más" de su trascendencia para hacerse visible y experimentable en el "menos" de la historia, con sus ambigüedades y ambivalencias.

A partir del designio que brota del Padre, la economía trinitaria se despliega en el envío del Hijo y del Espíritu, como "manos del Padre", como misioneros o ministros, en último término como servidores del designio del Padre y de sus destinatarios los seres humanos. El Hijo y el Espíritu realizan su misión peculiar, en íntima unión, en el seno de la historia y de los dramas de la historia. Alcanza su consumación en el acontecimiento pascual, fundador de un proyecto histórico nuevo, que debe ser celebrado como memorial, proclamado en el anuncio y la evangelización, testimoniado en el ejercicio de la caridad y de la opción por los más desfavorecidos y vulnerables. Este es el horizonte de la misión a cuyo servicio es llamada y convocada la Iglesia.

Esta opción teológica abre una doble perspectiva, que enriquece el tema que estamos tratando: las imágenes que presentan a la Iglesia como icono de la Trinidad y la sacramentalidad, lo cual implica un descentramiento de la Iglesia.

En virtud de la economía trinitaria, la Iglesia es designada por tres imágenes que la vinculan a cada una de las personas de la Trinidad. No nos detenemos en ellas, simplemente las enumeramos destacando la *dimensión personal*, es decir, recordando que son personas en una red de relaciones:

— Es *pueblo de Dios*, por tanto, un conjunto de personas que avanzan en el camino de la historia en medio de los otros pueblos de la historia, respecto a los cuales se caracteriza por la llamada y el envío.

— Es *cuerpo de Cristo*, porque cada uno de los bautizados, en cuanto participan del mismo pan y del mismo cáliz, forman un solo cuerpo; este cuerpo no puede ser entendido como una magnitud que absorbe la individualidad de cada uno, ya que cada uno de ellos conserva su peculiaridad y su aportación particular a ese cuerpo.

- Es *templo del Espíritu*, en cuanto edificio de piedras vivas, que se realiza en el cuerpo de cada uno de los bautizados, que están dotados de la gracia y de los dones del Espíritu, de modo que cada "cuerpo" es una biografía, una existencia, que se sitúa en el cruce de los caminos de los hombres y de los pueblos.

La Iglesia, icono de la Trinidad, es sacramento universal de salvación; la sacramentalidad es evidente, en cuanto su mera presencia en el mundo refleja, irradia, significa y hace presente algo más grande que ella misma: la comunión del amor trinitario que se abre y ofrece a la humanidad entera. Desde este presupuesto queda eliminada toda tentación de eclesiocentrismo o de autodivinización: la Iglesia queda descentrada entre Dios Trinidad y la humanidad desgarrada que ansía la unidad y la armonía perdidas. En cuanto sacramento la Iglesia reconoce que no existe por y para sí misma, sino en función y al servicio del designio del Padre para superar la irredención humana. Una imagen muy reveladora de la patrística compara la Iglesia con la Luna: su misión y su tarea consisten en proyectar la luz que recibe del Sol, que es Cristo. En la lógica de esta reflexión el mismo Concilio Vaticano II expresa su maduración eclesiológica cuando desplaza la imagen *Lumen gentium* —todavía aplicada por Juan XXIII a la Iglesia— para referirla a Cristo, tal como aparece en el título y en el primer número de la constitución dogmática sobre la Iglesia.

❷ El *christifidelis* como protagonista: llamado y enviado[16]

En este horizonte adquiere todo su relieve la figura del *christifidelis,* es decir, del fiel cristiano, en cuanto creyente y bautizado, que se inserta en esa lógica y en ese dinamismo y que se descubre llamado para servir a la misión desplegada por el Dios Trinidad[17]. El cristiano, por tanto, es incorporado en una misión que le obliga a mirar la realidad con los ojos de Dios. Es, por un lado, destinatario y beneficiario, pero siempre como enviado, sujeto y protagonista. La modalidad concreta se irá modulando en virtud de factores diversos, pero siempre desde la novedad aportada por la revelación.

---

[16] G. CANOBBIO, *Laici o cristiani?*, Brescia 1997.

[17] A. J. PÉREZ MARTÍNEZ, *El fiel cristiano en la enseñanza del Concilio Vaticano II y su recepción en la eclesiología española posconciliar*, Madrid 2014.

Los conceptos o categorías teológicas no pueden existir desvinculadas de la historia real, de biografías concretas, que hacen patente la capacidad personalizadora de la fe que abre a la misión. La Iglesia es ante todo una realidad personal, las personas que se han congregado en virtud de la convocatoria lanzada por un Dios personal. Sería erróneo preguntarse "qué es la Iglesia", pues ello nos sitúa en el nivel de las cosas o de las instituciones anónimas. La pregunta adecuada debe ser: "¿Quién es –o, mejor, somos– la Iglesia?". La ontología de la gracia acontece, es decir, se hace acontecimiento y realidad, como antropología teológica. Con razón una fuerte corriente teológica podrá decir que la mejor eclesiología es una auténtica antropología cristiana.

Desde este punto de vista, adquiere todo su relieve la dimensión no solo personal o interpersonal de la fe, sino su capacidad o potencialidad personalizadora: el ser eclesial surge como modelo antropológico, y la ontología de la gracia acontece como antropología teológica. En esta óptica se podrá decir que si todo ser humano es una misión, con mayor fuerza e intensidad lo podrá –lo tendrá que– afirmar el cristiano. La misión, en el seno de la Iglesia y en medio del mundo, es intrínsecamente ministerial.

Llamado, personalizado, sujeto, enviado: el fiel cristiano ejerce su sacerdocio bautismal o común en el conjunto de su existencia, en su "cuerpo", que lo inserta en el entramado de la vida cotidiana, en la realidad concreta del mundo. El fiel cristiano es Iglesia en el conjunto de sus actividades, y de este modo es "Iglesia en salida", pues en él abre sus puertas en el espacio público; ahí se abre un amplio campo para concretar la ministerialidad eclesial. Situado en la frontera Dios-hombre, cada bautizado puede hacer que se convierta en lugar de encuentro, para que ni Dios se quede sin mundo ni el mundo sin Dios.

❸ Las Iglesias locales como sujeto histórico[18]

En el dinamismo del misterio y de las misiones (ministeriales) del Hijo y del Espíritu, de modo plenamente visible y público, hace su aparición la Iglesia como comunión de Iglesias. La Iglesia que, como convocato-

---

[18] H. LEGRAND, "Lo sviluppo di chiese-soggetto d'Église: un'istanza del Vaticano II", en: CrSt 2 (1981) 129-163.

ria de Dios, es llamada a la existencia no se realiza en abstracto, de modo universal y atemporal, sino que acontece en grupos humanos concretos y distintos, en lugares diversos y distantes. Estos grupos, congregados en torno a la Palabra y la eucaristía, son denominados desde el principio *iglesias*; estas van surgiendo a medida que Pentecostés se despliega por la acción de los apóstoles, que anuncian la Palabra y van fundando iglesias. Por otro lado, el creyente individual no tiene sentido más que como Iglesia, es decir, no es cristiano simplemente adhiriéndose a Cristo o a unas verdades, sino en cuanto es Iglesia en un lugar; cree con los otros, su fe incluye una dimensión esencialmente comunitaria, y por ello debe tener en cuenta a los otros, sus necesidades, sus obligaciones y sus aspiraciones, y por ello una actitud servicial, ministerial.

En consecuencia, la realidad eclesial existe como un "nosotros"[19], que se siente y actúa como sujeto, porque protagoniza una misión en una sociedad pluralista y cosmopolita. Este "nosotros" resuena de modo habitual en la celebración litúrgica, pues la comunidad en cuanto tal es el sujeto celebrante. La liturgia, en cuanto memorial del misterio pascual, condensa la razón de ser de la Iglesia, y constituye un ministerio que presta al mundo y a la familia humana. Además, en el desarrollo de la acción litúrgica, se hace visible la articulación de diversas funciones y ministerios. Lo que se dice del ministerio litúrgico se debe ampliar al testimonio de la caridad o del anuncio del Evangelio.

❹ La doble dialéctica generada por el Espíritu

Si la Iglesia es el "nosotros", en cuanto realidad personal en el horizonte de la misión, está habitada por una doble dialéctica que a la vez es signo de vitalidad y de fidelidad a la misión: la dialéctica algunos-todos y la dialéctica carisma-ministerios. En ese doble dinamismo se van produciendo el desarrollo de subjetividades diversas, en el que actúa de modo especial el Espíritu Santo:

---

[19] Es la expresión que corresponde a la autoconciencia eclesial de los santos padres: Y. Congar, "Préface", en: K. Delhaye, *Ecclesia Mater chez les Pères de trois premiers siècles*, París 1964, 7.

Simple en la esencia y variado en sus maravillas; presente por entero a cada uno, también está por entero en todas partes. Repartido sin mengua de su impasibilidad, se le comparte enteramente, a imagen del rayo solar. [...] Así también el Espíritu, presente a cada uno de los que están dispuestos a recibirlo, como si cada uno fuera el único y, no obstante, proyecta suficientemente su gracia abundante sobre todos[20].

La teología paulina destaca el sentido del nosotros eclesial, por el reconocimiento de los dones gratuitos del Espíritu Santo (1 Cor 2,12). El cuerpo de Cristo tiene una constitución cristológica, pero no menos pneumatológica, porque esos dones son los que dan contenido y consistencia al cuerpo de Cristo —que no debe ser entendido como un todo que difumina las individualidades—, y pone de relieve que todos necesitan de todos y que nadie puede pretender absorber la totalidad de los dones y carismas. Tengamos en cuenta que desde sus primeros escritos Pablo usa "cuerpo de Cristo" en tres sentidos: su cuerpo individual (Rom 7,4), la eucaristía (1 Cor 1,24) y el cuerpo de la comunidad unida a Cristo (1 Cor 12,27). De este modo, los creyentes son considerados miembros de la persona viviente de Cristo.

La dialéctica (uno)-algunos-todos permite adentrarnos en la vida íntima de la Iglesia y en la configuración de la ministerialidad, diversificada y a la vez armónica[21]. En la Iglesia, como resulta evidente a la luz de nuestra exposición, se debe afirmar que:

— Todo es de *todos*, por tanto, la realidad eclesial y los dones salvíficos (el *klerós*) corresponde a todos; en consecuencia, nadie debe absorber o monopolizar lo que es común, y nadie debe quedar marginado o marginarse de la vida de la Iglesia.

— Ahora bien, tampoco es posible que todos pretendan hacerlo todo, pues sería una aspiración inhumana y antieclesial, fuente de caos y anarquía; es decir, el hecho de que sean esenciales determinadas acciones en la Iglesia no quiere decir que todos deban realizar de modo "profesional" u "oficial" todas esas acciones.

---

[20] BASILIO DE CESAREA, *Sobre el Espíritu Santo* 9, 22.
[21] J. DELORME (ed.), *El ministerio y los ministerios según el Nuevo Testamento*, Madrid 1975.

- Por tanto, *algunos* asumen de modo más directo y consciente determinadas acciones y funciones; por ejemplo, algunos se encargan de la catequesis o del estudio de los textos bíblicos, o de atender a las mesas de los necesitados. Ya en Hechos 6 se distingue lo que es propio de los apóstoles (evangelizar) y la atención a los pobres de la comunidad, pues ellos no podían —y, además, tampoco debían— realizarlo todo.

- Esos "algunos" no lo hacen de modo individualista o aislado, sino en nombre de todos. Por ejemplo, en el discernimiento comunitario realizado por la iglesia de Antioquía (Hch 13,1-3), Pablo y Bernabé asumen el envío misionero *ad gentes* en nombre de toda la Iglesia, como se expresa en la imposición de manos realizada por todos los presentes en la *ekklesía*.

- Al hacerlo en nombre de todos, también lo hacen como servicio a todos, en un doble sentido o nivel: porque en lo concreto unas personas determinadas reciben un beneficio, por ejemplo, los pobres o los destinatarios del primer anuncio del Evangelio; porque gracias a algunos la comunidad eclesial, en cuanto tal, está a la altura de la vocación/misión para la que ha sido llamada.

La dinámica misma de la vida eclesial, por tanto, muestra que dentro de la comunión —basada en un mismo Cristo y en un mismo Espíritu, a partir del Padre común— surge la pluralidad y la diversidad, y por ello la comunión está reclamando la sinodalidad por medio del discernimiento comunitario del "nosotros", con el fin de que se conjugue el papel de todos con la función de algunos.

La figura o ministerio de alguien (uno), que preside, forma parte constitutiva de la comunidad eclesial: es el icono (sacramental) que hace presente a aquel que hace surgir la comunidad y la convoca; de este modo visibiliza el hecho fundamental de que la comunidad vive de una iniciativa previa de gracia, que no existe simplemente por dinamismos sociológicos o psicológicos; por su vocación/ministerio tiene la responsabilidad especial de garantizar la unidad en la comunión y en la fidelidad al acontecimiento fundador.

La dialéctica (uno)-algunos-todos está penetrada por la dialéctica carismas-ministerios. Hemos mencionado la acción del Espíritu que distribuye sus dones entre los bautizados, realizando la promesa del Antiguo Testamento de derramar el Espíritu "sobre toda carne". Esa afirmación general debe concretarse según el principio establecido por 1 Pe 4,10: a cada uno se da el don correspondiente de cara al bien común (también 1 Cor 7,7).

La *charis* es la clave desde la que los cristianos contemplan la realidad y su realidad como Iglesia: designa el poder de la gracia de Dios, que se manifiesta en una realidad personal desde lo concreto de la existencia, y que contribuye a la personalización de cada bautizado desde una situación eclesial precisa y determinada.

El carisma supone la iniciativa libre de Dios (1 Cor 12,11: según Dios quiere). Este no se desentiende de la historia, por ello no se reduce a la acción creadora. Weber entendía el carisma como la capacidad natural para el liderazgo o el talento espontáneo. El Nuevo Testamento lo ve como vocación graciosa y gratuita, de cara al servicio; lo cual no excluye que la cualidad o aptitud natural pueda convertirse en carisma cuando desde la gracia recibida se despliega como vocación para el servicio. Es una novedad permanentemente repetida que responde al proyecto de Dios y que apunta al bien de la comunidad a fin de que sea transparencia creíble de la misión de Cristo y del Espíritu.

Por eso no puede caer en la anarquía o el desorden, pues atentaría contra el ser y la misión de la *ekklesía*. El mismo Pablo, que defiende y promueve los carismas, que propugna la libertad carismática, introduce correctivos a posibles desviaciones:

- Reconoce los carismas extraordinarios (por ejemplo, la glosolalia), pero reivindica el carisma de la interpretación, pues no valdría eclesialmente si no edificara la Iglesia, es decir, es necesario el discernimiento de espíritus (1 Cor 12,10) para que no se rompa la armonía.

- Por encima de todos presenta como más excelente el carisma aparentemente más humilde, la caridad, que implica la actitud de servicio para evitar que se rompa la armonía.

- En la comunidad carismática debe existir una *taxis*: recomienda que se haga todo con orden y con decoro (1 Cor 14,40), pues los cristianos deben evitar la costumbre de disputar (1 Cor 11,16).

Por tanto, en el carisma auténtico debe existir en armonía un triple aspecto: es un don otorgado gratuitamente por Dios y acogido libremente por el receptor; la acogida es también para la edificación de la comunidad, es decir, para que la Iglesia sea portadora de todo lo que facilita su ser *ekklesía* —desde esa perspectiva comunitaria es evidente que nadie debe pretender la totalidad de los dones (sería un atentado contra el "nosotros" como sujeto) y tampoco puede prescindir de los demás—; y la comunidad se edifica en el ejercicio de la misión, pues así los bautizados ejercen su sacerdocio fundamental y la *ekklesía* es signo y sacramento de la misión que la antecede y la llama a la existencia.

4 CONCLUSIÓN

Los ministerios no deben ser considerados, por tanto, como un medio para potenciar a "los laicos" ni como un recurso pastoral, sino como expresión del *nosotros* de la Iglesia y de la vertebración del sujeto eclesial. Más que ministerios laicales deberían ser considerados como ministerios de la comunidad o ministerios bautismales. Desde este punto de vista, se puede afirmar que toda la comunidad es ministerial, como afirma Francisco en *Quinquagesimo interveniente aniversario* (15-VIII-2022)[22]: el Espíritu nos hace partícipes del sacerdocio de Cristo, y en virtud de ello toda la comunidad es ministerial y puede reconfigurarse más allá del modelo tridentino o del binomio clero-laicado. Desde este punto de vista, la comunidad estructurada y los ministerios eclesiales son correlativos[23].

Todo ministerio vive de un componente carismático: la lógica de la gratuidad y del servicio proviene de la sobreabundancia del Espíritu, que otorga sus dones para que la Iglesia pueda responder a la vocación/misión para la que ha sido llamada/enviada. Ello no significa que todo

---

[22] Esta perspectiva adquiere todo su relieve sobre el trasfondo de la eclesiología del Papa: E. BUENO DE LA FUENTE, *La eclesiología del papa Francisco: una Iglesia bautismal y sinodal*, Burgos 2018.

[23] J. PEREA, *Un giro radical: ministerialidad e institución en la Iglesia del siglo XXI*, Madrid 2020.

carisma deba transformarse en ministerio; ello depende del discernimiento comunitario, como hemos indicado repetidamente: la *ekklesía* posee un esquema ministerial que en cada caso debe actualizarse, verificarse y desarrollarse. Es la tarea permanente que debe llevar adelante una Iglesia sinodal y misionera, pues solo de este modo será fiel a su identidad[24].

En ese esquema ministerial no puede faltar el ministerio ordenado, como icono del Señor que convoca a la Iglesia y la transforma en su cuerpo. En este sentido, su ministerio está al servicio de la ministerialidad de la Iglesia[25]: ejerce una presidencia, que debe ser vista y ejercida como servicio de unidad y de comunión; ello no legitima, sin embargo, la absorción de la eclesialidad, que radica en el conjunto de los bautizados; sino que debe estimular el discernimiento y el reconocimiento de los diversos carismas y —en su caso— ministerios.

[24] C. M. Galli, *El Espíritu Santo y nosotros*, Santander 2024.
[25] D. Borobio, *Ministerio sacerdotal, ministerios laicales*, Bilbao 1982.

3

PISTAS CONCRETAS PARA LA PROMOCIÓN DE LOS MINISTERIOS LAICALES: DISCERNIMIENTO, FORMACIÓN, COMPROMISO MINISTERIAL, APERTURA A NUEVOS MINISTERIOS, ETC.

MIGUEL LÓPEZ VARELA
Miembro del Consejo Directivo de la AECA
Archidiócesis de Santiago de Compostela

1 INTRODUCCIÓN

Se me ha pedido que, en el marco de estas jornadas, compartiese algunas "pistas" para la "promoción" de los ministerios laicales que permitiesen posteriormente abrir un breve espacio para el diálogo reflexivo. Lo que será dicho a continuación es un desarrollo ulterior y ampliación de algunas reflexiones y publicaciones precedentes, sobre todo del artículo publicado hace dos años en un pliego de la revista *Vida nueva*[1]. Agradezco, por ello, esta oportunidad que me ha permitido continuar mi reflexión.

Permitidme comenzar con algunas puntualizaciones que considero importantes para entender todo cuanto será dicho. En primer lugar, una aclaración sobre lo que significa para mí "promocionar". No es tanto promover los específicos *ministerios laicales* cuanto dar a conocer e impulsar, en cambio, la *ministerialidad* que es propia de la Iglesia entera y que está inserta en la condición de todos los bautizados[2].

---

[1] *Cf.* M. LÓPEZ VARELA, "Ministerio de catequista «en salida» misionera y sinodal. Reflexiones sobre su implementación en las Iglesias particulares", en: *Vida nueva* 3326 (15-VII-2023) 29-30.

[2] *Cf.* E. BUENO DE LA FUENTE, *Fundamentación eclesiológica de los ministerios laicales* (5-XII-2024); L. MARÍN DE SAN MARTÍN, "Iglesia sinodal, Iglesia ministerial", en: CENTRO REGIONAL DE ESTUDIOS TEOLÓGICOS DE ARAGÓN, *XXX Jornadas de Teología en Aragón. La catequesis en una Iglesia ministerial* (12-X-2014), Zaragoza 2014 (actas pendientes de publicación).

Por otro lado, aunque se me ha pedido que hablase sobre los *ministe-rios laicales en general*, dado el ámbito de reflexión catequética en el que nos encontramos y al que pertenecemos, tendré una atención particular al ministerio instituido de catequista. Por otro lado, este es el único que hasta el momento es realmente un novedoso ministerio laical, de nueva creación y que nace desde el inicio como tal; es decir, con la posibilidad de que cualquier laico, mujer u hombre, sin restricciones y con tal de que cumpla las condiciones establecidas, pueda ser instituido.

Finalmente, las reflexiones y propuestas que se ofrecerán, siendo de diverso orden, pero pensando en su aplicación y en un posible proceso de implementación y promoción diocesana de los ministerios laicales, estarán organizadas siguiendo un criterio de tipo cronológico. En este sentido y, con el deseo de ser aún más concreto, ofreceré una síntesis final en diez pasos para la implementación de los ministerios laicales.

2 CONFIAR EN DIOS Y EN SU IGLESIA

La novedad de la institución de este ministerio laical de catequista, así como el de lector y acólito u otros ministerios que en los próximos años puedan surgir, supone una novedad en la Iglesia. Se rompe así con siglos de una cierta concentración ministerial en la figura de los eclesiásticos o ministros ordenados. Por eso son comprensibles las perplejidades, incertidumbres, dudas y hasta reticencias que en este momento causa su implantación y difusión en las Iglesias particulares.

En estos momentos, por ello, es preciso volver a una premisa, que es una convicción, que proviene del dinamismo de la fe: confiar en que es Dios quien con la fuerza de su Espíritu asiste a su Iglesia y la conduce por caminos de autenticidad evangélica. Los ministerios laicales son, desde esta perspectiva, expresión de esa *conversión misionera* en la que esté envuelta actualmente la Iglesia, que se concibe como sinodal y "en salida" misionera.

A poco que indaguemos en la milenaria historia de la Iglesia, podemos comprobar cómo la realidad es que los ministerios, como diría el papa

Francisco en *Evangelii gaudium*, nos "primerean" (*EG* 24)[3]. Como toda obra que proviene de Dios, ellos mismos se promocionan y desarrollan, porque germinan y van creciendo, sin que se sepa muy bien cómo (*cf.* Mc 4,27b). Así ha sido desde el inicio mismo de la Iglesia, en las primeras comunidades cristianas, tal como muestra el testimonio de innumerables textos neotestamentarios[4]; y tal como se ha evidenciado en varias ocasiones a lo largo de estas jornadas. A medida que la Iglesia se iba desarrollando y estructurando en pequeñas comunidades, y en atención a las diversas necesidades misioneras surgidas tras el anuncio evangélico, se iban creando e institucionalizando los diversos carismas que el Espíritu había suscitado en las comunidades. Es así como iban surgiendo una amplia sinfonía de servicios, oficios y ministerios de distinto orden.

De hecho, el ministerio de catequista pertenece a estos primeros elencos de ministerios, como parecen sugerir las palabras iniciales que dan título al documento de institución del ministerio de catequista: *Antiguo ministerio*[5]. Al respecto, hasta tal punto parece que sea un ministerio "muy antiguo" que, en *Antiquum ministerium,* se indica explícitamente que entre los teólogos existe el parecer común de que sus primeras alusiones se encuentran ya en algunos escritos significativos del Nuevo Testamento (*cf. AM* 1).

El caso más evidente es el de la carta a los Gálatas, donde san Pablo exhorta a "que el catecúmeno comparta sus bienes con quien lo instruye en la palabra" (Gal 6,6); es decir, con el catequista. En este y otros textos (*cf. AM* 1: 1 Cor 12,28-31; Lc 1,3-4)[6], afirma el *motu proprio*, "es posible reconocer la presencia activa de bautizados que ejercieron el ministerio de transmitir de forma más orgánica, permanente y vinculada a las

---

[3] *Cf.* Francisco, exhortación apostólica *Evangelii gaudium*.

[4] *Cf.* R. Penna, "Los ministerios en las primeras comunidades cristianas según el Nuevo Testamento", en: *Seminarios* 66 (2021) 228, 11-33.

[5] Francisco, carta apostólica en forma *motu proprio Antiquum ministerium* (10-V-2021).

[6] El teólogo Adrian Hastings afirma que la función de "maestro" o "doctor", según las traducciones que aparecen en algunos escritos, puede ser asociada perfectamente a la figura de "catequista" (*cf.* 1 Cor 12,28; Ef 4,11): A. Hastings, "El ministerio del catequista desde el punto de vista teológico", en: *Seminarios* 21 (1975) 56, 187 y 202 (185-203).

diferentes circunstancias de la vida la enseñanza de los apóstoles y los evangelistas" (*AM* 2).

Respaldan esta afirmación las palabras de san Juan Pablo II, en la exhortación apostólica sobre la catequesis en nuestro tiempo, *Catechesi tradendae*, en donde al inicio de esta se afirma:

> La catequesis ha sido siempre considerada por la Iglesia como una de sus tareas primordiales, ya que Cristo resucitado, antes de volver al Padre, dio a los apóstoles esta última consigna: hacer discípulos a todas las gentes, enseñándoles a observar todo lo que él había mandado (*cf.* Mt 28,19). Él les confiaba de este modo la misión y el poder de anunciar a los hombres lo que ellos mismos habían oído, visto con sus ojos, contemplado y palpado con sus manos, acerca del Verbo de vida. Al mismo tiempo, les confiaba la misión y el poder de explicar con autoridad lo que él les había enseñado, sus Palabras y sus actos, sus signos y sus mandamientos. Y les daba el Espíritu para cumplir esta misión.

> Muy pronto se llamó catequesis al conjunto de esfuerzos realizados por la Iglesia para hacer discípulos, para ayudar a los hombres a creer que Jesús es el Hijo de Dios, a fin de que, mediante la fe, ellos tengan la vida en su nombre, para educarlos e instruirlos en esta vida y construir así el cuerpo de Cristo. La Iglesia no ha dejado de dedicar sus energías a esa tarea[7].

Estas evidencias textuales, que avalan la antigüedad del ministerio de la catequesis y del catequista, contrastan y a la vez dan fundamento a la novedad de su reciente reconocimiento como un "nuevo" ministerio laical o instituido para toda la Iglesia.

Estamos, por tanto, ante un "nuevo" y "muy antiguo" ministerio. Aunque lo es de manera particular en las Iglesias del Occidente europeo cristiano, ya que en latitudes como la africana[8] y la iberoamericana tienen una larga y consagrada trayectoria. Esta está abalada por la invitación que el papa santo Pablo VI había realizado en la década de los setenta, con la publicación de dos documentos: la carta apostólica

---

[7] JUAN PABLO II, exhortación apostólica *Catechesi tradendae* (16-X-1979) 1.

[8] *Cf.* CONGREGACIÓN PARA LA EVANGELIZACIÓN DE LOS PUEBLOS, *Guía para los catequistas. Documento de orientación vocacional, de formación y de promoción del catequista en los territorios de misión que dependen de la Congregación para la Evangelización de los Pueblos* (3-XII-1993) 4 y 2. Además, *cf. Código de derecho canónico* (25-I-1983) 785 § 1.

Ministeria quaedam[9] y la exhortación *Evangelii nuntiandi*[10]. En ellos se alude a la posibilidad de instituir algunos ministerios laicales en las Iglesias particulares o diócesis previa solicitud de las conferencias episcopales a la Sede Apostólica. Se menciona específicamente el ministerio de catequista:

> Además de los ministerios comunes a toda la Iglesia latina, nada impide que las conferencias episcopales pidan a la Sede Apostólica la institución de otros que por razones particulares crean necesarios o muy útiles en la propia región. Entre estos están, por ejemplo, el oficio de ostiario, de exorcista y de catequista, y otros que se confíen a quienes se ocupan de las obras de caridad, cuando esta función no esté encomendada a los diáconos (*MQ; cf. EN* 73).

3 CREAR UN ORGANISMO DIOCESANO PARA LOS MINISTERIOS LAICALES Y/O PARA EL MINISTERIO LAICAL DE CATEQUISTA

El primer paso de tipo organizativo es, sin duda, la creación de un ente diocesano para los ministerios laicales en general, o uno particular para el ministerio particular de catequista. Se trata de una realidad importante, como se mostrará. A este le corresponderán la mayoría de las iniciativas, responsabilidades, tareas y procesos que conducirán a la introducción y promoción de los ministerios laicales instituidos en las Iglesias particulares y en su vida pastoral, así como a su organización y regulación posterior, o el necesario acompañamiento personal y formativo de los ministros laicos.

Ofrecemos algunas orientaciones relativas al tipo de realidad que constituye este nuevo organismo o ente diocesano:

– Puede ser un nuevo ente diocesano, creado *ex novo* para los ministerios laicales; o para no multiplicar entes diocesanos en un momento de particular debilidad en las Iglesias particulares, podría adoptar la forma de una sección dentro de alguna de las delegaciones existentes: la de laicado; o las respectivas delegaciones según el

---

[9] PABLO VI, carta apostólica en forma *motu proprio Ministeria quaedam* (15-VIII-1972).
[10] PABLO VI, exhortación apostólica *Evangelii nuntiandi* (8-XII-1975) 73.

servicio del que se trata (la de liturgia o la de catequesis); finalmente, podría situarse dentro de la delegación para las vocaciones, ya que los ministerios laicales son una forma concreta de vocación bautismal.

— Según el discernimiento oportuno de cada Iglesia, puede adoptar la forma de secretariado diocesano, delegación episcopal, oficina, comisión o departamento pastoral.

— Podría ser una institución común para todos los ministerios laicales, o se podría crear o definir una distinta y específica para cada uno de los ministerios laicales existentes.

Sea como fuere la determinación adoptada, lo importante es contar en las diócesis con una realidad concreta para los ministerios laicales. Se trata de una exigencia derivada, primeramente, de la naturaleza sacramental de la propia Iglesia, de la que nos habla *Lumen gentium*. Pero también es una condición que responde a la humanidad de quienes la formamos, y que precisa siempre de elementos concretos y tangibles que "den carne" a la realidad espiritual y divina que es la Iglesia. Finalmente, lo reclama la "estabilidad" propia de estos ministerios instituidos. La existencia de un organismo estable y permanente es necesaria para responder a las exigencias de esta estabilidad, y es expresión de la realidad ministerial de la Iglesia.

Con humildad considero que es un error pensar que hay que esperar a constituir un organismo diocesano de este género hasta el momento en el que surja una solicitud de institución, o se determine en una Iglesia particular la necesidad de instituir ciertos ministerios para atender a ciertas necesidades pastorales. La realidad es que, como se indicaba anteriormente, los ministerios laicales ya "están ahí", en el campo de la Iglesia. Nos preceden-*primerean*, a pesar de que aparentemente no se vean, no se reconozcan o no se vea oportuno instituirlos por el momento.

En todo caso, desde el oportuno discernimiento, ha de evitarse el lamentable mal de la excesiva "compartimentación" de la pastoral. Esta conduce a la innecesaria e inoportuna "multiplicación" de organismos en la Iglesia, y que, en no pocas ocasiones, constituyen compartimentos estancos que producen el efecto contrario de no ayudar o facilitar la realización de las tareas eclesiales evangelizadoras.

❶ Responsabilidades, tareas y funciones

Este organismo tendrá como finalidad principal la de colaborar con el obispo u ordinario en las tareas de sensibilización, animación, promoción y difusión; formación y discernimiento; implantación y organización de los ministerios laicales en las diócesis. Entre sus responsabilidades, tareas y funciones específicas destacamos las siguientes:

— *Sensibilización y formación inicial* para dar a conocer la realidad ministerial de la Iglesia en las parroquias y comunidades de las diócesis. Quizá esta sea la primera y más importante de las tareas que debe acometer este organismo y, por eso, permanente. La advierte Roche en su carta a las conferencias episcopales, donde indica que "se procure también preparar a las comunidades para que comprendan su significado"[11].

— *Animación y promoción* de las diversas vocaciones ministeriales laicales que puedan ir surgiendo en las parroquias y comunidades, para que, poco a poco, se pueda ir creando y difundiendo en todo el territorio diocesano una cultura vocacional en torno a los ministerios instituidos.

— *Discernimiento, el acompañamiento y la formación* en sus diversos niveles de los aspirantes y de los futuros candidatos.

— *Preparación, introducción o inserción en la diócesis* de los ministros instituidos, tanto en sus organismos como en su vida pastoral y comunitaria.

— *Acompañamiento posterior* a la institución, en un sentido amplio, así como la *organización de las futuras formaciones* y la formación continua.

❷ Estructura y miembros

Por cuanto he tenido la oportunidad de conocer hasta el momento, la estructuración de este organismo para los ministerios laicales es muy

---

[11] Cf. Congregación para el Culto Divino y la Disciplina de los Sacramentos, *Carta a los presidentes de las conferencias de obispos sobre el rito de institución de los catequistas* (3-XII-2021) 13.

variada en nuestra Iglesia local de España. Conozco los casos concretos de la diócesis de Zamora y de la archidiócesis de Zaragoza. A riesgo de parecer un "exagerado" y hasta pretencioso –a mi modo de ver no lo es, pues el futuro próximo de la Iglesia pasa por los ministerios laicales–, hago una primera propuesta de estructuración ideal, de máximos, señalando las posibles figuras que la integrarían. En todo caso, las posibilidades y exigencias concretas de cada momento determinarán en última instancia su configuración concreta.

Esta compleja y amplia primera propuesta pretende tener en cuenta todos los aspectos relacionados con los ministerios laicales, y aquellos particulares y específicos perteneciente a cada uno de los ministerios: la vocación bautismal y la espiritualidad laical; las exigencias formativas, las características propias y competencias específicas de cada uno de los ministerios; la eclesialidad del servicio a realizar; etc.

En concreto, parecería oportuno que, en principio, este organismo estuviese integrado por los siguientes miembros y figuras institucionales:

- *Director* del secretariado, comisión, oficina o departamento, delegado, o responsable de la sección pastoral correspondiente, nombrado por el obispo.

- *Directores o delegados* representantes de las instituciones diocesanas relacionadas con el servicio específico de los ministerios laicales en cuestión. Es decir, los delegados de liturgia y para la catequesis y, a medida que en el futuro se incorporen otros nuevos ministerios (el de acogida, justicia, caridad, escucha, etc.), sus correspondientes delegados o directores. En caso de necesidad, atendiendo a la adecuada atención por motivos de un elevado número de aspirantes o candidatos, a la extensión territorial de la Iglesia o a la dispersión poblacional, estos podrían ser nombrados vicedirectores, incluso respectivamente para los ministerios de su competencia específica.

Pensando en la formación, también estarían los representantes de los centros y organismos formativos de la diócesis a los que se quiere confiar la formación bíblico-teológica y pastoral de los ministros laicos (*verbi gratia,* los responsables y directores de los centros teológicos diocesanos, de los institutos de ciencias religiosas, de las escuelas diocesanas de formación del laicado, escuelas diocesanas de catequistas, etc.).

En su defecto, la propia comisión, si se opta porque esta formación la ofrezca directamente.

Junto con estos miembros estables y fundamentales en la comisión, para una mayor riqueza e implicación diocesana, podrían formar parte también de este organismo otros miembros, aunque con desigual presencia y responsabilidad. Entre estos últimos señalamos:

- El *vicario o delegado de evangelización y/o de pastoral*, debido a su mayor conocimiento de la realidad pastoral, de sus exigencias y necesidades.
- El *delegado para el laicado y/o apostolado laical*, pues se tratan de ministerios de naturaleza laical para la edificación de las comunidades y la misión de la Iglesia.
- El *delegado de vocaciones*, ya que son ministerios que implican una vocación bautismal específica.
- Un *canonista o experto en derecho eclesiástico* (el vicario general de la diócesis, el juez eclesiástico, u otro canonista).
- El *delegado de liturgia o un liturgista* (maestro de ceremonias), si es que ya no lo está, pensando en la celebración de institución.
- Una última figura, el *decano de los miembros de cada uno de los ministerios laicales*, que es de tipo honorífica y que expresa y realiza la comunión con la entera Iglesia particular. En el caso del catequista, se podría considerar como "archicatequista", representante de todos los catequistas de la diócesis.

Al igual que ocurren con el resto de los entes diocesanos, corresponde al obispo dotar a este organismo de una entidad canónica, la cual le permitirá integrarse en el organigrama diocesano y asegurar un adecuado conocimiento y acceso a sus servicios pastorales por parte de los fieles. Del mismo modo, será necesario dotarlo de los medios humanos, estructurales, materiales y económicos necesarios para el desarrollo de su actividad.

Finalmente, ha de crearse en la Curia diocesana un *Libro de los ministerios laicales instituidos*, donde se realizará la inscripción y registro de todos aquellos que en lo sucesivo serán instituidos en los diversos ministerios laicales. Preferentemente, este libro se custodiará en la Curia diocesana, siguiendo todas las exigencias canónicas y jurídicas que actualmente están previstas para la protección, gestión y almacenamiento de datos personales.

4 DISCERNIR Y DETERMINAR EL TIPO DE MINISTERIOS LAICALES, SUS MODALIDADES DE EJERCICIO Y LOS PERFILES DE SUS MINISTROS

Hay un tercer momento que tiene como cometido discernir y determinar el tipo de ministerios laicales a instituir, sus modalidades de realización y los rasgos del perfil del ministro laico a instituir. Todo ello se determinará atendiendo siempre a las concretas necesidades pastorales existentes. En todo momento hay que seguir un principio que podemos formular con el juego de palabras "menester-ministerio". Ambos términos provienen de la raíz latina "*ministerĭum*", y con su unión se quiere expresar el principio de que frente a una necesidad concreta detectada en la comunidad eclesial, en este caso pastoral, se ha de proveer, con un oficio o servicio, un ministerio.

Dado el particular ámbito en el que nos encontramos, centraré específicamente mi atención en el ministerio de catequista y el perfil de sus ministros según las responsabilidades, funciones y tareas que vayan a desenvolver.

❶ Importancia y trascendencia de este momento

Resulta muy oportuno que esta consulta y discernimiento conducente a una adecuada definición del ministerio de catequista se realice por parte de la entera comunidad diocesana, lo que podría hacerse preferentemente por medio de algunos de los consejos y colegios diocesanos o comisiones que ayudan al obispo en la administración y pastoral de la diócesis. Aunque los trabajos podrían estar moderados y animados directamente por el correspondiente organismo para los ministerios laicales. Este discernimiento deberá realizarse cuantas veces se precise a lo largo de los sucesivos años en atención a la realidad cambiante y las consiguientes exigencias pastorales surgidas en las Iglesias particulares.

Se trata de un momento muy delicado en el proceso y con una gran trascendencia, pues conlleva ofrecer a la Iglesia diocesana el perfil de los ministros laicos que precisa; y, por otro lado, este momento condicionará también el diseño de los planes formativos, e igualmente determinará las sucesivas opciones y elementos organizativos del resto del itinerario. Así lo expresaba también Roche en la mencionada carta enviada a las conferencia episcopales del mundo, donde les invita a "clarificar el perfil, el papel y las formas más coherentes para el ejercicio del ministerio de los catequistas en el territorio de su competencia, en línea con cuanto ha sido indicado en el *motu proprio*, *Antiquum ministerium*" (*C-RIC* 13). Esta exigencia se encuentra en el hecho mismo de "que el término «catequista» indica realidades diferentes en relación con el contexto eclesial en el cual se hace uso de este" (*C-RIC* 5).

El discernimiento sobre el tipo de ministerio y el diseño de su perfil debe ser sobre todos y cada uno de sus aspectos más relevantes para que sea lo más completo posible: la vocación y el perfil personal del ministro; las condiciones y exigencias para acceder a los ministerios; las funciones, tareas y ámbitos pastorales de actuación; los tipos de formación; finalmente, sobre los tiempos y los periodos de ejercicio ministerial; etc.

❷ Posibles tipos y perfiles de catequistas instituidos

En aras a orientar el discernimiento sobre los posibles perfiles ministeriales, ofrezco una tipología pensada para el caso del catequista instituido. Se estructura en torno a tres de los posibles ámbitos de ejercicio del ministerio. A partir de cada uno de ellos es posible extraer distintos perfiles o figuras ministeriales de catequista[12]:

- Con relación a *un espacio territorial*: catequista instituido "misionero"[13] o catequista coordinador de la actividad catequística en un territorio.

---

[12] *Cf.* M. López Varela, "Ministerio de catequista «en salida» misionera y sinodal", 23-30.

[13] Sobre esta figura y modalidad de catequista instituido, *cf.* M. López Varela, "El catequista instituido «misionero»", en: *Vida nueva* (5-X-2024) 3381, 5-11.

- Con relación a *un particular grupo o colectivo de interlocutores o de los distintos contextos socioculturales particulares de la catequesis* (*cf. DC* 354-393): catequista de adultos, de adolescentes-jóvenes, o de personas con discapacidad, etc.; catequista en el ámbito digital.
- Con relación a *otros catequistas*: catequista animador, guía, acompañante y formador de otros catequistas.

Toda esta reflexión y las resoluciones adoptadas es conveniente que queden fijadas en un documento o escrito "marco". De manera más precisa, este texto incluiría los siguientes elementos:

- Los *tipos de ministros* a instituir, sus perfiles, así como las diversas *modalidades o formas de ejercicio* que puedan adoptar según las funciones y ámbitos en lo que se va a desarrollar.
- Los *rasgos característicos de los perfiles* de cada uno de los ministros: *indicadores* vocacionales; *cualidades* humanas, cristianas y eclesiales, como también las cualidades misionero-apostólicas.
- Las respectivas *competencias* y destrezas: tanto las ministeriales como las formativo-intelectuales.
- Las posibles *responsabilidades y funciones* específicas que se le confiarán a cada uno de los ministros según los ámbitos pastorales donde lo vaya a desarrollar.
- Las *exigencias formativas* para cada uno de los tipos de ministerio de catequista y para sus respectivas etapas (formación básica, especializada y permanente).
- Los periodos y los tiempos para el ejercicio de su ministerio.
- El grado de dedicación e implicación.

Además, el aludido documento marco para el ministerio instituido es deseable que contenga las orientaciones y los criterios para el proceso de discernimiento de los posibles aspirantes y candidatos, según las necesidades pastorales existentes y a partir de los perfiles ministeriales establecidos (etapas o periodos, tiempos, criterios de discernimiento para la selección de aspirantes y candidatos, indicadores de progresión, etc.). Finalmente, podría incluir las orientaciones y directrices que puedan funcionar a modo de un "reglamento" para la regulación del ejercicio del ministerio tras la celebración de la institución.

5 DISEÑAR Y DESARROLLAR UN PLAN DIOCESANO DE FORMACIÓN MINISTERIAL Y SUS CORRESPONDIENTES PROGRAMAS DE FORMACIÓN PARA LA INSTITUCIÓN DE CATEQUISTAS U OTROS MINISTERIOS LAICALES

Determinados los tipos y las modalidades del ministerio de catequista, sus funciones y tareas específicas, así como el perfil del ministro, se estará en disposición de diseñar un plan diocesano de formación ministerial, así como los correspondientes programas formativos a los diversos ministerios laicales y/o ministerio de catequista, que sea concreto y realista. Se trata de una cuestión fundamental en el proceso de implementación de los ministerios laicales, llena de aspectos y elementos que han de tenerse en cuenta, y de la que la misma extensión a la que dedicamos a este apartado da prueba.

❶ Cuestiones generales e iniciales

En orden a crear y establecer este plan y los posibles programas concretos de formación ministerial, se tendrán en cuenta las siguientes *cuestiones*:

– El organismo responsable de los ministerios laicales, junto con los centros de formación, tendrán la responsabilidad de diseñar el plan y los programas y temarios correspondientes de formación. Del mismo modo se ocuparán de los siguientes aspectos formativos: establecerán el calendario y la periodicidad y de las sesiones formativas; calendarizarán, diseñarán y organizarán otra serie de encuentros y convivencias de tipo celebrativo-oracional y los retiros espirituales correspondientes (específicos o los existentes en la diócesis para los laicos) que se irán introduciendo adecuadamente en los programas formativos, y los cuales son necesarios para el crecimiento personal y "espiritual laical" de los candidatos para ser catequistas y ministros laicos, "evangelizadores con espíritu" (*cf. DC*, "Introducción", 4d; *EG* 259-283); finalmente, determinarán los criterios objetivos de progresión en la formación y la evaluación, pensando sobre todo en el discernimiento final y el parecer que hay que ofrecer al final del proceso para el acceso a la institución ministerial.

– Al obispo, asesorado por el organismo *para la promoción de los ministerios laicales*, le corresponde la responsabilidad de crear o determinar el organismo (u organismos) o la institución (o instituciones) responsables de garantizar y ofrecer esta formación. En orden a no multiplicar innecesariamente las instancias formativas y optimizar recursos diocesanos –tanto humanos, materiales como económicos–, lo más adecuado parece ser la creación de una sección o departamento dentro de algunas de las instituciones formativas existentes en la diócesis, bien sea en aquellas que poseen currículos oficiales (institutos teológicos, institutos de ciencias religiosas), bien sea en las que no poseen un programa reglado o asociado a la obtención de algún tipo de título oficial eclesiástico.

– El obispo, o aquel sobre el que este haga recaer la responsabilidad de dicha instancia formativa, se preocupará, igualmente, de dotarla de los recursos y medios de todo tipo –humanos, materiales, económicos, infraestructurales– que precisen para el desarrollo de su cometido.

❷ Cuestiones relativas al plan diocesano de formación ministerial

Con respecto al diseño e implementación del plan diocesano de formación ministerial y de los específicos programas de formación, ténganse en cuenta los siguientes aspectos:

– Puede ser un plan *ex novo* y *ad hoc* o específicamente creado para la formación ministerial laical; o, por otra parte, podría aprovecharse alguna de las propuestas formativas (regladas y no regladas) existentes y en marcha en la diócesis. Aunque siempre será necesario hacer algunas integraciones y adaptaciones en ellos para acoger la novedad y especificidad de los ministerios laicales instituidos.

– Por otra parte, el plan de formación podría comprender un programa formativo base y común para todos los ministerios laicales instituidos, y en el que también podría incluso incluirse el ministerio de los diáconos permanentes, y después un temario o módulo específico correspondiente a los programas específicos para cada uno de los ministerios laicales, tal es la opción adoptada en las

Orientaciones sobre la institución de los ministerios de lector, acólito y catequista ofrecidas por la Conferencia Episcopal Española y aprobadas *ad experimentum* por cinco años[14]. Aunque, si se ve más oportuno, cada uno de los ministerios podría contar con planes de formación propios e independientes. La primera de las opciones es muy útil y oportuna. Lo es porque no solo supondría un ahorro de recursos humanos y económicos para las Iglesias particulares; sino porque aportaría un enriquecimiento añadido a la formación. Concretamente, contribuiría a reforzar la identidad de los ministerios laicales y del colectivo de ministros instituidos; y de igual modo, la convivencia en el aula de diversos aspirantes y candidatos a los ministerios instituidos, o ministros laicos instituidos, prepararía adecuadamente a una inserción en la vida y misión de la diócesis y a una pastoral de conjunto, contribuyendo a un futuro ejercicio ministerial de tipo sinodal con todos los miembros activos de la pastoral comunitaria y diocesana.

— Este plan general de formación ministerial y/o sus correspondientes programas contemplarán, además, los clásicos *tres niveles* o *grados* de toda formación, los cuales corresponden a los diferentes momentos de la vida ministerial. De ordinario, *para acceder al ministerio* se requeriría realizar un mínimo de un programa relativo al nivel de formación básica. Los niveles de formación son los siguientes:

  ■ Formación *inicial y básica*: necesaria para la adquisición de los conocimientos y competencias básicas y fundamentales para el ejercicio del ministerio. Esta, a su vez, puede dividirse *dos modalidades*. La *primera* de ellas, la habitual y ordinaria, de una duración de dos años, o mejor, de dos años litúrgicos. La *segunda de las modalidades* está orientada a aquellos casos de catequistas u otros laicos que cuentan ya con una trayectoria consagrada y acreditada ante la comunidad parroquial y diocesana. Para estas situaciones y con el fin de evitar al catequista un prejuicio formativo con respecto a su preparación precedente, tanto formal

---

[14] *Cf.* Conferencia Episcopal Española, *Orientaciones sobre la institución de los ministerios de lector, acólito y catequista*, Madrid 2023, 45-69.

como experiencial, podría contemplarse la posibilidad de un plan formativo básico, de tan solo un año litúrgico de duración, en el que se hagan las integraciones y profundizaciones formativas necesarias más específicas según el concreto tipo de ministerio que está llamado a desarrollar.

- Formación *especializada*: está orientada a profundizar en los conocimientos, habilidades y competencias ministeriales específicas. Sigue a la formación básica, y se realiza cada vez que las necesidades y exigencias pastorales y ministeriales de cada momento lo exijan. En el caso concreto de los ministros catequistas, se realizaría cuando se les requieran tareas y funciones muy especializadas en ciertos campos o ámbitos de la catequesis, y para las que se precisaría una formación específica; *verbi gratia*: para el catecumenado bautismal y catequesis de adultos; catequesis con personas con discapacidad; con jóvenes; o catequesis en los nuevos escenarios sociales y culturales actuales, como es el caso del digital.

- Formación *continua*: destinada, primeramente, al desarrollo personal y espiritual del ministro, pero también orientada a la actualización, perfeccionamiento y ampliación de conocimientos, habilidades y competencias ministeriales según los cambios vitales y vocacionales, eclesiales, sociales e incluso tecnológicos, y que en un tiempo como el nuestro se van sucediendo cada vez con más frecuencia y velocidad. Comienza tras la institución del ministro laico, y se prolongará al menos mientras dure el ejercicio de su ministerio. De igual modo, se les propondrá también a aquellos catequistas que, habiendo terminado el periodo establecido de ejercicio del ministerio y, tras un tiempo de latencia, se le vuelve a habilitar para el ejercicio de dicho ministerio; a no ser que tenga que desarrollar uno de esos servicios catequísticos para los que se requiera una formación especializada. En relación con esto, téngase en cuenta que el ser instituido en un determinado ministerio se produce una sola vez. Pero su ejercicio puede realizarse a lo largo de la vida en diversos momentos, según se le requiera, y por el periodo de tiempo establecido por la autoridad eclesial.

- La formación abarcará fundamentalmente contenidos de tipo bíblico, teológico, pastoral y pedagógico (*cf. AM* 8), pero la formación tendría que asegurar igualmente el cultivo de la dimensión laical propia de estos ministerios. Este último aspecto formativo podría llevarse a cabo de diversas maneras:

  ▪ Se podría realizar a través de la introducción de algunas materias o contenidos de este tipo en el programa de formación que afectan tanto al *ser* como al *saber hacer* del catequista; *verbi gratia*: teología bautismal y del laicado, los ministerios laicales, la espiritualidad del laico, etc.

  ▪ También habría una formación de tipo laical y bautismal que la realizaría el acompañante y/o director espiritual.

  ▪ Finalmente, se asegurará esta formación a través de la participación e inserción progresiva en la vida y pastoral diocesana; *verbi gratia*: eventos, encuentros y jornadas pastorales de tipo diocesano, participación e inserción en asociaciones o movimientos de tipo laical, etc.

  ▪ En el documento referido de la Conferencia Episcopal Española se ofrece una propuesta de programa con sus correspondientes temarios (*cf. OIM* 45-69). Siendo una propuesta "marco", de máximos e ideal, conlleva que necesariamente haya un trabajo de adaptación por parte de cada Iglesia a su situación particular.

- La periodicidad de las sesiones durante un ciclo de dos años es aconsejable que sea al menos mensual, y con una duración de una hora y media cada una de ellas para poderlas desarrollar de acorde con la pedagogía y la metodología formativa de tipo laboratorial.

- Por otro lado, con el fin de asegurar la singular formación laical de estos ministerios, se prestará especial atención a la selección de los docentes, así como a la adecuada formación de estos; sobre todo en lo relativo a la formación pedagógica y metodológica. Según cuanto indica el presente *Directorio para la catequesis*[15], ha de ser

---

[15] Pontificio Consejo para la Promoción de la Nueva Evangelización, *Directorio para la catequesis*, Madrid 2020.

coherente y realizarse con él mismo estilo de los procesos catequísticos y de la misma catequesis: "Como criterio general hay que decir que debe existir una coherencia entre la pedagogía global de la formación del catequista y la pedagogía propia de un proceso catequético" (*DC* 135d; *cf. DGC* 237; *EG* 171).

Al respecto, siguiendo al mismo *Directorio*, parece muy adecuado seguir un formato y estilo formativo de tipo práctico-experiencial; como un "laboratorio" (*cf. DC* 53-54), a modo de tirocinio, atendiendo y respetando siempre los dinamismos de aprendizaje propios de la edad adulta.

❸ Aspectos prácticos, pero no menos importantes

Me permito anotar, finalmente, *algunos temas complementarios de tipo más práctico*, pero que tienen igualmente especial relevancia en el éxito de la implementación de los ministerios laicales:

— Un primer aspecto, que es especialmente delicado e importante, es *la gestión, el tratamiento y el almacenamiento de los datos personales* de los aspirantes y candidatos a la institución ministerial. Para ello se precisa un archivo documental y una secretaría que lo contenga y custodie.

— La importancia de esta medida lo justifican diversas exigencias. En primer lugar, las actuales disposiciones legales al respecto. Pero también lo justifican las implicaciones eclesiales y ministeriales que traen consigo los ministerios. Pese a no ser una de las órdenes sagradas y, por ello, no precisar de la celebración de un específico sacramento, podría suceder que algunos de los ministros instituidos en un futuro recibiesen otro ministerio; o incluso, en el caso de los varones, que fuesen ordenados como diáconos o presbíteros. Finalmente, lo requieren las exigencias personales de los aspirantes y candidatos, que es previsible que no puedan seguir todas las asignaturas del programa previstas para el año y, consecuentemente, completar el itinerario en el tiempo mínimo establecido. Al respecto, las *Orientaciones sobre la institución de los ministerios de lector, acólito y catequista* de la Conferencia Episcopal Española aconsejan que sea un periodo de dos años. En estos dos últimos supuestos, tener un registro ayudará al seguimiento de la progresión formativa y a determinar las exigencias académicas de las futuras formaciones que se tengan que recibir para la institución en otros ministerios o la ordenación sacerdotal en alguno de sus órdenes.

— De igual manera, ha de tener en cuenta la reducida disponibilidad horaria que muchos de nuestros laicos tienen, lo cual complica el seguimiento regular de las sesiones formativas. Una realidad que se complica aún más en el caso de las Iglesias particulares que cuentan con un vasto y extenso territorio y/o marcado por la dispersión y escasez poblacional. En estos casos y, según las posibilidades reales de cada Iglesia, será conveniente poner los medios necesarios para facilitar la asistencia, que pasa por la creación de aulas, extensiones o sedes de formación diseminadas por todo el territorio diocesano, dotándolas de los medios necesarios indicados para que realmente sean lugares adecuados de formación. Las nuevas tecnologías (plataformas de aprendizaje en línea, aulas virtuales, aplicaciones educativas y dispositivos tecnológicos) pueden constituir también un recurso complementario muy útil para solventar estas dificultades.

❹ La implementación de los programas de formación

Con relación al momento de poner en marcha los distintos itinerarios del plan de formación ministerial, será oportuno atender a los siguientes elementos:

— Puede realizarse una gran celebración diocesana de inicio en la que se convoquen a todos los que participarán en los diferentes programas de formación.

— Además de esta, conviene realizar otras celebraciones a lo largo del año y ofrecer la posibilidad de algunos retiros o momentos comunitarios de oración en conjunto con todos los aspirantes y candidatos a los distintos ministerios laicales.

— A la vez que se activan los itinerarios formativos, conviene asimismo asegurar un camino de acompañamiento personal y espiritual a los candidatos.

A estas y otras tareas les dará seguimiento la comisión diocesana para los ministerios laicales.

6 ESTABLECER UN PROCESO DE DISCERNIMIENTO COMUNITARIO DE LOS ASPIRANTES Y CANDIDATOS: NIVELES Y CRITERIOS

Sin duda, este es otro de los puntos claves y de los más críticos en todo el proceso de promoción de los ministerios laicales, como lo es también en el caso de los ministerios ordenados.

Para definir este complejo proceso, podemos inspirarnos en la pedagogía procesual del catecumenado bautismal de adultos, que es el gran proceso de formación cristiana por excelencia y, por ello, paradigma y fuente de inspiración de toda formación cristiana; no solo de los específicos itinerarios de iniciación cristiana o de la misma catequesis. Lo es también para los procesos formativos de los ministros laicos y, de manera particular, del catequista.

Teniendo en cuenta todos estos elementos —la complejidad y delicadeza en general de cualquier proceso de discernimiento; su carácter procesual, inspirado en el catecumenado; y, por otra parte, la consideración del itinerario de formación como un recurso de discernimiento para tener en cuenta—, a la hora de articular los procesos de discernimiento propios del ministerio de catequista se tendrán en cuenta los siguientes elementos:

- *Los momentos concretos para el discernimiento*. Están asociados, sobre todo, a los tiempos de pasaje en el proceso formativo, los cuales preceden a cada una de las etapas de este. Para asegurar dicho discernimiento, es preciso definir tanto estos momentos como también los correspondientes criterios, y hacerlo de la manera más objetiva posible. Estos criterios serán muy útiles para realizar una valoración del progreso y del avance de los candidatos al ministerio y determinar su paso a la siguiente etapa formativa.

- *Las figuras formativas y educativas* que participan en el proceso, las cuales tendrán la responsabilidad de expresar su parecer y valoración sobre la progresión de los aspirantes y candidatos. La dimensión comunitaria del discernimiento en la Iglesia es la que justifica esta distinción y definición de estas figuras particulares de discernimiento. Una realidad que viene acentuada también por el hecho de que todo ministerio está orientado al servicio de la comunidad, lo cual reclama, una vez más, un discernimiento de tipo comunitario.

Ofrezco a continuación algunas notas, orientaciones y reflexiones sobre las figuras y sujetos que intervienen en el proceso de discernimiento; acerca del proceso de presentación de los aspirantes y los criterios a seguir; y, finalmente, sobre los tipos de discernimiento a realizar según los diferentes momentos del proceso formativo.

❶ Las figuras y sujetos responsables del discernimiento

Las figuras que intervienen en este discernimiento son fundamentalmente de dos tipos. Por un lado, se encuentran el obispo y los organismos diocesanos; y, por otra parte, se pueden señalar una serie de figuras formativas individuales para el discernimiento. Cada una de ellas tendrá responsabilidades y funciones específicas, pero a la vez complementarias, en el proceso de discernimiento. En cualquier caso, el organismo creado o designado por el obispo para la promoción y atención a los ministerios laicales se encargará de articular y moderar todo este complejo proceso.

Se encuentran, en primer lugar, algunos de los organismos eclesiales diocesanos, como los consejos pastorales o presbiterales. Sobre ellos recaería la responsabilidad de realizar los análisis y consultas pertinentes que permitan señalar las necesidades ministeriales específicas de cada Iglesia particular. Estos organismos podrían sugerir incluso algunos nombres concretos de aspirantes, o aportar los rasgos del perfil o perfiles ministeriales que se precisan.

Por su lado, hay otro conjunto de figuras individuales de diverso orden que intervienen en el proceso de formación y que contribuyen, cada una a su modo y según su naturaleza, al discernimiento tanto de los aspirantes como de los candidatos. Cada Iglesia particular ha de definirlas y determinar sus roles, funciones y atribuciones específicas. Las figuras más relevantes serían: los miembros de la comisión para los ministerios laicales, los formadores y educadores y los acompañantes espirituales y/o personales, que pueden ser tanto laicos como ministros ordenados.

❷ Presentación de los aspirantes: proceso y criterios para el discernimiento

Los aspirantes, siguiendo la tradición eclesial que se emplea para estos casos, pueden ser presentados de diversas maneras:

– A título personal por parte del propio interesado (autocandidatura), el cual se presenta directamente al párroco o al responsable de la comunidad; o, incluso, a la comisión para los ministerios laicales. Para ello, cada candidato presentará "libremente al obispo diocesano una petición escrita y firmada", "mostrando así su disposición a acoger y ejercer el ministerio instituido con todas su exigencias pastorales" (*OIM* 16).

– Por medio de un discernimiento de la propia comunidad con respecto a los posibles aspirantes: realizado por el párroco o el ministro ordenado responsable de la comunidad, juntamente con los miembros de la comunidad, preferentemente responsables de los distintos consejos o grupos.

– A través de los organismos diocesanos de pastoral (consejo pastoral diocesano, consejo presbiteral, vicarías pastorales o territoriales, secretariados o delegaciones pastorales, comisiones o equipos diocesanos de pastoral, etc.); o por medio de la asamblea eclesial o pastoral de la diócesis.

En el caso concreto del ministerio de catequista, para un adecuado proceso inicial de selección y de discernimiento de los aspirantes, han de tenerse en cuenta los rasgos del perfil y el resto de las condiciones señaladas por los documentos eclesiales al respecto[16]. Al hilo de estos me permito sugerir algunos *criterios* más concretos que ayuden al discernimiento:

– Elegir de entre los catequistas ya existentes en una comunidad. Por tanto, entre aquellos en los que se puede comprobar la existencia de una vocación y un carisma específico para la catequesis (cf. *AM* 3),

---

[16] *Cf*. M. LÓPEZ VARELA, "Nueva catequesis y nuevos catequistas para una nueva etapa evangelizadora. Claves para la comprensión del nuevo *Directorio para la catequesis* y del nuevo ministerio del catequista", en: *Auriensia* 27 (2024) 201-206.

y una pasión misionera por la tarea de la catequesis reflejada en su empeño, interés y creatividad en la catequesis. Por otro lado, a nivel normativo práctico, se aconseja que el catequista no tenga menos de cinco años de experiencia previa y con una edad mínima de entre dieciocho y veintiún años.

— Que sea una figura plenamente integrada y respetada dentro de su comunidad, tanto por su forma de vida cristiana como por su compromiso apostólico en ella.

— Que posea disponibilidad para ejercer el ministerio de manera "estable". La estabilidad, que es uno de los rasgos y características fundamentales de los ministerios instituidos, exige tiempo para poder desarrollarlo; y esto implica, a su vez, tener disponibilidad para ello. Esta es, por tanto, una exigencia constitutiva del servicio específico de un ministerio instituido. La disponibilidad puede ser de tres *tipos* según el grado de dedicación que va a requerir el ministerio[17]:

■ Una *disponibilidad temporal*: consistente en la actitud o disposición personal del aspirante-candidato a ofrecer parte de su tiempo en función de su servicio ministerial, y hacerlo por un periodo establecido de tiempo, ya sea de forma total o continua, parcial o limitada o en momentos puntuales. Esta disponibilidad ha de estar abierta a una cierta flexibilidad según las necesidades, sobre todo en un mundo sometido a constantes y rápidos cambios. Recordamos al respecto que el catequista instituido es siempre catequista. Por tanto, no solo en los momentos propios y específicos de la catequesis, tanto dentro como fuera de los muros de la parroquia, sino también cuando no está ejercitando su ministerio, en los ámbitos y tareas del día a día. Sin embargo, para el ejercicio de su ministerio precisa disponer de un tiempo determinado y prolongado. Esta disponibilidad conlleva por parte del ministro una cierta *estabilidad laboral, económica y familiar* que le permita disponer de tiempo para poderlo ofrecer al

---

[17] *Cf.* M. López Varela, "El ministerio de catequista. Claves teológico-pastorales y catequéticas y perspectivas abiertas", en: *Actualidad catequética para la evangelización* 268 (2021) 2, 355-386.

servicio de la catequesis. Esta disponibilidad es mayor en el caso de quienes tengan dedicación a tiempo completo o pleno, y reciban una justa gratificación, como está estipulado en el *Código de derecho canónico.*

- Una *disponibilidad espacial*: es decir, una disponibilidad para ejercer este servicio no solo en su parroquia propia, sino donde lo requiera el obispo según las necesidades de la Iglesia particular: "Dispuestos a ejercer el ministerio donde sea necesario" (*AM* 8). Se trata de la deposición a desarrollar su servicio incluso en lugares geográficos de la Iglesia particular distintos a los suyos, según lo requiera la misión pastoral que se le encomienda. Implica una disposición a moverse físicamente, incluso fuera del propio entorno pastoral habitual, para así poder acudir a donde lo reclame el obispo según las necesidades pastorales.

- Una *disponibilidad pastoral y para la colaboración en otros apostolados*, lo cual lleva al catequista a ponerse a disposición del obispo para desarrollar incluso otras tareas eclesiales y comunitarias más allá de la catequesis, "según las necesidades pastorales identificadas por el ordinario del lugar" (*AM* 8); o para "colaborar con los ministros ordenados en las diversas formas de apostolado" (*C-RIC* 11-12). En lo particular se trata de una disposición para asumir tareas como las que realizan los catequistas de tierras de misión "*ad gentes*", donde hay escasez de presbíteros "«para evangelizar tantas multitudes y para ejercer el ministerio pastoral» (*AG* 17)" (*cf. AM* 4), porque, como puntualizaba Fisichella, refiriéndose a esta figura de catequista, "no hay que olvidar que, en diversas regiones donde la presencia de sacerdotes es nula o escasa, la figura del catequista es la de aquel que preside la comunidad y la mantiene arraigada en la fe"[18]. Hoy, esta realidad descrita está cada vez más presente en los territorios llamados de "antigua cristiandad" o de tradición cristiana. Por ello, y en correlación a la situación descrita de misiones, se podría pensar en la posibilidad de instituir un catequista instituido con un

---

[18] *Cf.* R. Fisichella, *Conferencia de presentación de la carta apostólica en forma motu proprio del papa Francisco "Antiquum ministerium"* (11-V-2021).

sentido profundamente "misionero". A él nos hemos referido en precedencia. En esta línea, Roche, sin pretender ser exhaustivo, presenta un elenco posible de tareas y funciones que van más allá del servicio de la catequesis, y de las que se podría responsabilizar a este *catequista instituido misionero* (*cf. C-RIC* 11 y 6): la guía de la oración comunitaria, especialmente de la liturgia dominical en ausencia del presbítero o diácono; la asistencia a los enfermos; la guía de las celebraciones de las exequias; la coordinación de las iniciativas pastorales (pastoral de la infancia y juventud, etc.); la promoción humana según la doctrina social de la Iglesia; la ayuda a los pobres; el fomento de las relaciones entre la comunidad y los ministros ordenados; así como de las comunidades con las demás organismos y estructuras pastorales. Este tipo o figura de catequista es, sin duda, la más representativa de la novedad que supone el reciente reconocimiento del catequista como un ministerio instituido, cuando se trata de un ministerio *de facto* muy antiguo en la Iglesia y que tanto ha contribuido a la evangelización, como indica el *motu proprio Antiquum ministerium* (1, 4).

❸ Tipos y momentos fundamentales para el discernimiento durante el proceso formativo

A la hora de determinar el proceso de discernimiento y sus etapas que ha de realizarse en la etapa formativa propiamente dicha, ha de tenerse en cuenta una serie de factores determinantes. Entre otros, los tipos y figuras ministeriales que se hayan definido y establecido en la Iglesia particular, y el periodo de duración establecido de dos años litúrgicos. Estos podrían ser los *tipos de discernimiento* que realizar:

- *Inicial*: se realiza a través de una serie de entrevistas de tipo propedéutico, cuya finalidad es conocer a los aspirantes y, sobre todo, discernir, clarificar y purificar sus intenciones con relación al ministerio instituido. Esto permitirá, llegado el caso, el ingreso a la formación de tipo bíblico-teológico-pastoral. Es, por ello, un momento clave en el entero proceso, de manera particular en un tiempo como el nuestro.

– *Continuo*: se irá realizando de manera progresiva durante los dos años que durará el itinerario de formación bíblico-teológico-pastoral. En él, la propia formación servirá como un primer elemento para el discernimiento de los candidatos. Aunque la formación no otorga ningún derecho a ser instituido; y, por otro lado, la sola adquisición de los contenidos tampoco asegura la entera formación ministerial que se precisa, la realidad es que esta arroja información muy valiosa para el discernimiento, ya que permite valorar elementos como la actitud, el compromiso y ardor misionero del candidato. Juntamente a este elemento, y de manera complementaria, se puede establecer otra serie de entrevistas con los candidatos, las cuales permitan valorar otros aspectos importantes para el discernimiento de la vida ministerial: la actitud de servicio y obediencia a Dios y a su voluntad; la capacidad de trabajo en equipo, de entrega y sacrificio; etc.

– *Próximo*: se desarrolla en la última o últimas entrevistas con los candidatos, que tendrán lugar en la proximidad de la celebración de institución ministerial. Para el caso de los candidatos esposados, sería oportuno que algunas de estas entrevistas se hagan con la presencia del esposo o esposa; y con el párroco o los párrocos, o los miembros del consejo parroquial de pastoral, en el caso de que se conozca el destino pastoral donde va a desarrollar su ministerio una vez sea instituido.

Se habrá observado que, siguiendo al proceso catecumenal, o de manera similar a lo que sucede en los procesos vocacionales conducentes a la vida consagrada, se han empleado dos nombres para referirnos al futuro ministro. Varía según el momento en el proceso de discernimiento en el que se encontrase. *Aspirantes* es el calificativo para el momento inicial, antes de ingresar en el proceso formativo en sentido estricto. *Candidatos*, por su parte, se reserva para aquellos que ya han sido admitidos y, progresando en su formación, aspiran a ser instituidos. Con esta doble nomenclatura se subraya la importancia de realizar un proceso de discernimiento; a la vez que muestra una progresión en el camino que conduce al ministerio instituido. No está previsto que se realice un rito o celebración de admisión a la institución ministerial, aunque nada obsta para que se haga.

Finalmente, me centro en las posibles entrevistas para el discernimiento que llevará a cabo el organismo diocesano para los ministerios laicales con los aspirantes y los candidatos. Ofrezco algunos datos para la determinación y la descripción de los *tipos de entrevistas*, así como su específico cometido. Me baso en el procedimiento que sigue la diócesis de Zamora. Este fue expuesto de manera oral durante estas jornadas por su vicario episcopal para la Delegación Episcopal de Comunión Fraterna, y dentro de la cual se inserta la atención pastoral a los ministerios laicales, Juan Luis Martín Barrios. Las dos primeras entrevistas corresponderían al discernimiento en el *momento inicial*, y la tercera al momento *próximo* a la celebración de la institución.

- *Primera entrevista*: su finalidad es la de encontrarse y conocer a los aspirantes. Este irá acompañado por quienes los presentan, los miembros de las comunidades o parroquias y el párroco. La comisión tendrá la responsabilidad de dar a conocer a estos aspirantes al obispo y, si se considera oportuno, presentárselos personalmente.

- *Segunda entrevista*: entrevista personal con el aspirante, donde se disciernen sobre sus motivaciones y la disponibilidad que pueden dar para el desarrollo futuro del ministerio. Se invita también al aspirante a que busque dos acompañantes o, en su defecto, se le ofrece: uno espiritual (un ministro ordenado o un laico); y otro de tipo pastoral, que suele ser aquella persona con la que está el aspirante en su actividad pastoral ordinaria, o con la que compartirá misión y servicio tras su institución.

- *Tercera entrevista*: la realizará el candidato, si está casado, acompañado por su esposo o su esposa. En ella se abordarán, sobre todo, aspectos relacionados con: la disponibilidad concreta que se prestará en el ejercicio del ministerio; la tarea o tareas específicas que va a desarrollar; el "ámbito", o *el dónde*, del desarrollo del ministerio (parroquial, arciprestal, UPA, diocesano, etc.); el grado de implicación y dedicación, es decir, determinar el tiempo de dedicación (a tiempo completo o parcial); o, por otro lado, se podrían clarificar y discernir otros aspectos particulares que tienen que ver con la vida matrimonial y familiar, y que el ejercicio del ministerio puede alterar.

Finalizado el discernimiento por parte de la comisión para los ministerios laicales, es muy oportuno que se presenten todos los candidatos al obispo y que estos tengan una última entrevista personal con él. No ha de perderse de vista que, en todo caso, este juicio que emerge del discernimiento de la comisión, escuchando otras voces, no es vinculante, sino consultivo. Tocará al obispo, en última instancia, decidir sobre quiénes van a ser instituidos.

Un último apunte en relación con todas estas entrevistas para el discernimiento. Aun cuando la responsabilidad principal pueda recaer sobre el organismo diocesano creado o designado para los ministerios laicales, no obstante, se buscará la colaboración de otras figuras formativas, personas o entidades que puedan expresar su parecer. Se trata de realizar una escucha amplia y plural de distintas voces complementarias que puedan contribuir a un mayor discernimiento y progreso formativo; porque, como se puede intuir, el discernimiento no se agota con estas entrevistas. Las modalidades y los tiempos para realizar estas consultas para el discernimiento tendrán que ser determinados por cada Iglesia particular.

7 CELEBRACIÓN DE LA INSTITUCIÓN MINISTERIAL, EL ENVÍO Y LA *MISSIO*

Concluido el proceso de formación y cumplidas las exigencias establecidas, y una vez el obispo haya aceptado la solicitud personal y por escrito realizada por el candidato para ser instituido, llega el tiempo de la celebración.

Por la importancia y singularidad de este momento, se hace necesaria una adecuada preparación. Para ello, además del candidato y la comisión para los ministerios laicales o alguno de sus miembros, participarán también el delegado diocesano de liturgia, con el que ha de contarse necesariamente en caso de no pertenecer ya a la comisión de ministerios laicales, así como el maestro de ceremonias de la diócesis y/o de la catedral, si es que no coinciden con el anterior.

Ofrezco algunas *indicaciones generales* que considero importantes con respecto a la celebración de institución ministerial:

- Con relación a los *ministerios a instituir*: parece que lo más oportuno es que en la misma celebración se realice la institución conjunta de los diversos ministerios laicales. Se subraya con ello el carácter ministerial de toda la Iglesia y de los bautizados en la unidad de un mismo servicio evangelizadora para la edificación de la Iglesia y el bien del mundo.

- En cuanto al *lugar de la celebración*: se aconseja realizarse en la catedral, que es iglesia madre de la diócesis, o en una iglesia que sea de referencia para todos los diocesanos bien por su significación o por su localización.

- Con respecto a la *fecha* para la celebración: la carta apostólica *Aperuit illis* señala el Domingo de la Palabra de Dios como una fecha idónea para la celebración de la institución de algunos ministerios, sobre todo aquellos relacionados con el servicio a la Palabra de Dios[19]. En algunas diócesis españolas se ha optado por hacerlo en el Domingo de la Iglesia Diocesana, o durante la celebración de la Vigilia de Pentecostés, dada la vinculación respectiva de estas fechas con el día dedicado a fortalecer la vinculación de cada uno de sus miembros con Iglesia local, la diócesis, y a apoyar sus actividades pastorales; y, por otra parte, por su relación el apostolado de los laicos. De igual manera, y según las necesidades pastorales, se podría elegir otra fecha significativa para la vida de la diócesis.

- Finalmente, conviene insistir en la oportunidad de hacer una invitación general a participar en esta celebración a todos los miembros de la Iglesia local; y a que se asegure, particularmente, que en ella haya una representación de todos y cada uno de ellos. Así como ocurre con la *misa crismal*, que es una manifestación de comunión de los presbíteros con el propio obispo[20] y que contribuye a reforzar el compromiso de los sacerdotes con su ministerio, la

---

[19] "En este domingo, los obispos podrán celebrar el rito del lectorado o confiar un ministerio similar para recordar la importancia de la proclamación de la Palabra de Dios en la liturgia", Francisco, carta apostólica en forma *motu proprio Aperuit illis* (30-IX-2019) 3.

[20] Cf. *Misal romano*, "Instrucción general", 157; *Misal romano*, "Introducción a la misa crismal".

celebración en la que se instituyen los ministerios laicales puede ser expresión de la unión de todo el pueblo de Dios, que camina en un territorio en torno a su pastor, el obispo, "garante y servidor de la unidad de su Iglesia, de su catolicidad y su apostolicidad y, por ello, el vínculo con los orígenes apostólicos de la Iglesia de Cristo" (*CCE* 1292).

❶ Significado y singularidad del rito de institución

Cualquier ministerio precisa de una visibilidad pública para ser realmente considerado un ministerio reconocido y reconocible por toda la comunidad. Esta visibilidad se realiza de diferentes formas. Puede ser por "designación" o por "simple aprobación"[21]. Pero cuando se trata de los *ministerios ordenados*, se realiza por medio de la celebración de un sacramento que implica una novedad que trae consigo una particular configuración con Cristo. Para los *ministerios instituidos*, laicales, en cambio, está previsto un rito de institución que va más allá de una bendición ordinaria. En todo caso, estas celebraciones ponen de manifiesto que nadie se otorga un ministerio a sí mismo, sino que lo recibe siempre de la Iglesia.

El rasgo de "estabilidad"[22], que es propio de los ministerios instituidos, implica que el rito no es exactamente la bendición que se viene realizando sobre los acólitos o lectores no instituidos[23]. Ciertamente, comparte con esa que es "una plegaria que reconoce una vocación que procede de Dios, que confía una tarea e implora auxilio divino para llevarla a cabo y sus efectos espirituales en los que la reciben". Pero a la vez, y aquí se encuentra la diferencia y la novedad, "supone un reconocimiento en el ámbito diocesano, de la Iglesia particular y una tarea estable, permanente". Cosa que, en cambio, no sucede con la bendición sobre los ministros no instituidos, que sustancialmente "supone la acep-

---

[21] Cf. Assemblée Plénière Conference Épiscopale Française, *Tous responsables dans l'Eglise? Le ministere presbyteral dans l'Eglise tout entiere "ministerielle"*, Paris 1973; J. Rigal, *Descubrir los ministerios*, Salamanca 2001, 222-223.

[22] Cf. M. López Varela, "Nueva catequesis y nuevos catequistas para una nueva etapa evangelizadora", 203.

[23] Conferencia Episcopal Española, *Bendicional*, Madrid 2020, nn. 409ss.

tación del servicio y una función ocasional, generalmente habitual", orientada a un ámbito más particular y específico[24].

De este modo, la institución ministerial podría ser considerada un "sacramental permanente"[25], para toda la vida. Prueba de ello es que el ministerio se recibe una sola vez, sin que pueda "ser repetido" el rito de institución (*C-RIC* 3; *OIM* 18). Sin embargo, esta *permanencia* asociada al rito hay que decir que no se hace extensiva y aplica de igual manera al ejercicio concreto del ministerio, para el que se necesita ser habilitado por el obispo. Es un ministerio estable porque los efectos espirituales de la institución permanecen de manera indefinida —no de manera puntual u ocasional— durante toda la vida, aunque el ejercicio concreto del ministerio venga establecido y regulado por periodos.

Para la celebración de la institución hay que decir que desde el año 2021 contamos con la *Editio typica* del rito litúrgico para instituir catequistas (*De institutione catechistarum*), la cual pasará a incluirse dentro del *Pontifical romano*[26]. Por su parte, 11 de junio del año 2024 salía a la luz el *Ritual para instituir catequistas* en lengua castellana y en el resto de las lenguas cooficiales de España (catalán, euskera y gallego)[27]. Para los ministerios de lector y acólito, en cambio, ya existía un *Ritual* promulgado bajo en pontificado de Pablo VI, que mantiene su validez; si bien en él han de introducirse las oportunas modificaciones de género y número relacionadas con lo establecido por el *motu proprio, Spiritus*

---

[24] N.-J. Lorenzo Leal, "Oraciones de bendición en la institución de catequistas, lectores y acólitos", en: *Pastoral litúrgica* 378 (2023) 71 (69-79).

[25] Cf. J. San José Prisco, *Manual para párrocos. Derecho canónico y acción pastoral*, Salamanca 2024, 75.

[26] Congregazione per il Culto Divino e la Disciplina dei Sacramenti, *Ritus de institutione catechistarum* (13-XII-2021). Al inicio de su carta, Roche indicaba que la *Editio typica* del *Rito de institución de catequistas* pasará a formar parte del *Pontificale romanum*; y que esta podría ser completada para el año venidero, con la efeméride del cincuenta aniversario del documento *Ministeria quaedam*, con una *Editio typica altera* (segunda edición) que incluya dicho texto. Asimismo, recuerda que las conferencias episcopales pueden adaptar ampliamente la *Editio typica* según sus necesidades y realidades específicas (cf. *C-RIC* 18; *RIC*).

[27] Conferencia Episcopal Española, *Ritual para instituir catequistas* (*ad experimentum*, 2024-2026, según la edición típica latina), Madrid 2024.

Domini, acerca del acceso de las personas de sexo femenino al ministerio instituido del lectorado y acolitado y la correspondiente modificación del canon 230 §1 del *Código de derecho canónico*[28].

En el caso concreto del *Ritual para instituir catequistas*, se cuenta con un doble formulario de institución: uno "para instituir catequistas dentro de la misa" y otro "para instituir catequistas dentro de la celebración de la Palabra de Dios". Además, como es habitual en el resto de los rituales, se ofrece una selección final de lecturas bíblicas para las celebraciones, pensadas para aquellas celebraciones en las que no se sigan las previstas para el día según el calendario litúrgico.

❷ La entrega de la cruz durante la celebración como signo de la identidad y misión del catequista instituido

Por otro lado, en todo rito de ordenación o institución está previsto entregar un signo litúrgico que recoge, expresa y visibiliza el servicio o ministerio para el que se es instituido. En el caso concreto del catequista, se trata de la cruz (*C-RIC* 18).

El papa Francisco entregaba a los primeros catequistas instituidos en la basílica de san Pedro una reproducción plateada de la cruz pastoral utilizada primeramente por san Pablo VI y luego durante todo su extenso pontificado por san Juan Pablo II. Una significativa elección por cuanto conecta con un evento, el Concilio Vaticano II, y con un Papa, Pablo VI, que abrieron en la Iglesia el camino a los ministerios laicales. Posteriormente, Juan Pablo II continuaría esta senda abierta con el impulso del laicado y la insistencia en la común vocación a la santidad de todos los bautizados.

---

[28] FRANCISCO, carta apostólica en forma *motu proprio Spiritus Domini* sobre la modificación del canon 230 § 1 del *Código de derecho canónico* acerca del acceso de las personas de sexo femenino al ministerio instituido del lectorado y acolitado (10-I-2021). En la carta dirigida al cardenal Ladaria, con la que el papa Francisco acompañaba la publicación del *motu proprio Spiritus Domini*, se indicaba: "La Congregación para el Culto Divino y la Disciplina de los Sacramentos se encargará de la aplicación de la mencionada reforma mediante la modificación de la *Editio typica* del *Pontificale romanum* o *De institutione lectorum et acolythorum*". *Cf.* FRANCISCO, *Carta al prefecto de la Congregación para la Doctrina de la Fe acerca del acceso de las mujeres a los ministerios del lectorado y acolitado* (11-I-2021).

Siendo un signo tan significativo del servicio ministerial en las iglesias locales, como se verá a continuación, en cada diócesis se podría pensar en la elaboración de una cruz propia. Esta tendría que ser lo suficientemente representativa de la Iglesia particular, bien porque es una reproducción de alguna de las existentes en la catedral o en algún santuario o lugar de piedad y peregrinación de la diócesis, o bien porque se ha realizado *ex novo* para tal propósito. De este modo, además de servir como signo identificativo del ministerio instituido de catequista, lo sería también del colectivo de catequistas instituidos de una misma diócesis. Finalmente, contribuiría a subrayar la unidad de los catequistas en torno a su obispo, y su disponibilidad a colaborar directamente con su apostolado o con el del resto de ministros ordenados de la diócesis.

En efecto, la oración que acompaña la entrega de la cruz es toda una declaración de intenciones de lo que primeramente está llamado a *ser* y a vivir el catequista, así como a realizar (*hacer*) con su ministerio. Nos centramos en ella por un momento, ya que nos ayuda a entender por qué la señal que identifica al catequista instituido es la cruz y cuál es el servicio concreto que se deriva de ella: "Recibe este signo de nuestra fe, cátedra de la verdad y del amor de Cristo, para que sea tu vida, tu conducta y tu palabra quien lo anuncie" (*RIC-esp* 9)[29].

Así pues, a los catequistas se les confía una cruz precisamente "para recordar el carácter misionero del servicio que se disponen a administrar"[30].

---

[29] "*Accipe hoc fídei nostræ signum, cáthedram veritátis et caritátis Christi, eúmque vita, móribus et verbo annúntia*" (*RIC* 9). En la versión italiana *ad experimentum* que el papa Francisco había empleado en la primera celebración de institución tras su institución, se emplea el término "acciones" en lugar de "costumbres": "*Ricevi questo segno della nostra fede, cattedra della verità e della carità di Cristo: annuncia Lui con la vita, le azioni e la parola*"; cf. Oficina de las Celebraciones Litúrgicas del Sumo Pontífice, *Libretto della Celebrazione della III Domenica del tempo ordinario. Domenica della Parola di Dio* (23-I-2022) 25. Esta versión del texto en italiano fue aprobada por el Santo Padre *ad experimentum* y solo para esta ocasión, tal como se indica en una nota explicativa del folleto de celebración (página 25). La versión oficial para la lengua italiana se indica que será publicada por la Conferencia Episcopal Italiana.

[30] Pontificio Consejo para la Promoción de la Nueva Evangelización, *Comunicato stampa. Domenica della Parola di Dio 2022* (23-I-2022); la traducción es mía. Además, cf. Oficina de las Celebraciones Litúrgicas del Sumo Pontífice, *Libretto della Celebrazione della III Domenica del tempo ordinario. Domenica della Parola di Dio* (23-I-2022) 25-26.

De hecho, en muchos casos, su ministerio podría prolongarse más allá de lo estrictamente catequístico y extenderse, como indica la carta referida de Roche, a una colaboración directa con la misión y el apostolado del obispo, o del resto de ministros ordenados, sobre todo en los casos donde se precise la atención de las comunidades porque la escasez de sacerdotes no lo permite.

Algunas voces han mostrado que, por la fuerte vinculación de su ministerio con la Palabra de Dios, hubiera sido más adecuado que el signo que se entregase a los catequistas fuese la Biblia. Esto está previsto, en cambio, que se realice con los lectores instituidos. Sin embargo, la cruz evidencia mejor el "carácter misionero" que posee el ministerio instituido de catequista.

Este *carácter misionero* es algo que se encuentra presente en la misma inspiración catecumenal de toda la catequesis, lo cual hace que este aspecto se extienda también a la vida y el ministerio de quien realiza la catequesis, el catequista; y, a mayor razón, lo será para el catequista que está llamado a ser instituido en esta nueva etapa evangelizadora marcada por una nueva *salida misionera*.

Como no han dejado de recordar los dos últimos *Directorios* de catequesis, el catecumenado "tiene una explícita intención misionera" o "carácter misionero" (*DC* 61). "Un connatural tono misionero, que en la catequesis se ha ido debilitando con el tiempo" (*DC* 64; *DGC* 90), pero que, en la "nueva etapa evangelizadora", es urgente recuperar. Esta "catequesis en clave kerigmática y misionera" que propone el último *Directorio para la catequesis* (65; 57, 59; "Introducción", 2-3) es aquella que está llamado a desarrollar, en primera instancia, el catequista instituido.

Precisamente, porque la "señal" por excelencia del cristiano es la cruz, del mismo modo, el "signo-símbolo" del catequista, el cual cumple el ministerio de "hacer cristianos"[31], es también la cruz. No deja de ser muy significativo que la *signación* o *imposición de la cruz* en la frente, que marca la entrada del catecúmeno en la etapa o grado del catecume-

---

[31] *Cf*. Tertuliano, *Apologética* 18, 14.

nado propiamente dicho, es un rito que está previsto que lo realice, entre otras figuras, el catequista (*cf. RICA* 85; 83-87).

Este carácter intrínsecamente misionero de la cruz lo resaltaba recientemente san Juan Pablo II, en alusión a la nueva evangelización. Lo hacía el 9 de junio de 1979, al inicio de su pontificado en el viaje a su tierra natal de Polonia. Cerca de la ciudad industrial de Nowa Huta (Polonia), prototipo de ciudad comunista en la que no había lugar ni para Dios ni para templos, se estaba construyendo el santuario de la Santa Cruz de Mogila.

Allí, en el contexto de las celebraciones del nuevo y segundo milenio cristiano, el Papa polaco aludía a la cruz como una "señal de que ha llegado la buena noticia de la salvación del hombre mediante el amor". "Una señal", en el sentido de signo o indicativo, de "que en el umbral del nuevo milenio —en esta nueva época, en las nuevas condiciones de vida—, vuelve a ser anunciado el Evangelio". Y concluía diciendo: "una señal" de que "se ha dado comienzo a *una nueva evangelización*, [...] la *evangelización del segundo [nuevo] milenio*" [32].

Por todo ello, no resulta extraño que la cruz represente como signo la identidad y la razón de ser de la misión del catequista [33]. Con ella se reconocerán en medio de sus comunidades y también en los ambientes en donde está llamado a proclamar el Evangelio y a hacer nuevos cristianos.

❸ Envío y entrega de la *missio*

Unida estrechamente al "rito de institución", que fundamenta la estabilidad del ministerio, se encuentra la encomienda oficial o "mandato eclesial público" (*missio*) del obispo, "con el cual se les confía esta indispensable función" de la catequesis a los catequistas (*C-RIC* 9; *cf. OIM* 11). Mientras el "rito" tiene que ver con "la forma con la que se instituye" el ministerio, la "*missio*", por su parte, se refiere a la forma con la que se "habilita al ejercicio de un ministerio" (*cf. MQ* 8).

---

[32] Juan Pablo II, *Homilía en el santuario de la Santa Cruz. Peregrinación apostólica a Polonia* (10-V-2021).

[33] Para un mayor desarrollo, *cf.* M. López Varela, "La novedad de un antiguo ministerio para una nueva etapa evangelizadora", en: *Phase* 62 (2022) 364, 173-175.

Por ello, aunque en los rituales de institución no están previstos que se realicen en ningún momento de la celebración la entrega de la *missio* o encomienda oficial para el ejercicio del ministerio, como tampoco lo está el rito de *envío*, no obstante, por todo lo dicho, parece muy oportuno y expresivo hacerlo al finalizar la celebración de institución. Sobre todo en los casos de institución de catequistas cuyo servicio supone una colaboración en el apostolado del obispo o de otros ministros ordenados.

En efecto, el rito de institución, junto con la *missio,* pone de manifiesto públicamente ante toda la comunidad que el servicio que el catequista va a desempeñar lo cumple y ejercita con la encomienda y el reconocimiento explícito de la autoridad eclesial, en nombre de la Iglesia, y bajo las formas y tiempos establecidos por ella. No se trata, por tanto, de una responsabilidad que uno se concede a sí mismo, fruto de un deseo, interés personal o la búsqueda de algún tipo de reconocimiento o privilegio eclesial. Por el contrario, la *missio* evidencia la naturaleza y razón profunda de la existencia de los ministerios en la Iglesia. Estos responden a un carisma suscitado por Dios mismo en algunos bautizados y que es reconocido públicamente por la autoridad eclesial, para que sea puesto de manera estable al servicio de la comunidad cristiana.

Este rito podría hacerse de manera pública y solemne con la entrega física de un pergamino, o con la lectura de este al finalizar la eucaristía. En caso de no hacerse, es muy aconsejable entregarla en los días inmediatamente posteriores a la celebración, sin dejar que se dilate mucho en el tiempo. A fin de cuentas, la institución de un ministerio está sujeta a solventar necesidades pastorales específicas. Se dejará atestado y copia de esta en el archivo de la Curia.

En el documento referido de la *missio*, deberían quedar recogidos los siguientes datos:

- El nombre y apellidos del ministro.
- El lugar y fecha de institución.
- El ministerio en el que fue instituido.
- Las responsabilidades y funciones específicas que desarrollará, lo cual es muy importante determinar bien para evitar conflictos futuros,

sobre todo cuando se trata de prestar una colaboración con el apostolado de los ministros ordenados.

- El lugar y/o ámbito donde se desarrollará el ministerio.
- El tiempo de duración del ministerio (tres/cinco años).
- El grado de dedicación (parcial o a tiempo completo).
- La gratificación, el tipo y forma de esta, si así fuese el caso.

Ofrezco algunas consideraciones y observaciones sobre algunos aspectos en concreto:

- El ministerio instituido, cualquiera que este sea, solo se puede recibir una vez en la vida. Cosa distinta son los periodos de su ejercicio, que el obispo puede reiterar cuantas veces sea necesario y lo determine.
- Los periodos de desempeño de los ministerios laicales requieren que sean determinados en cada Iglesia particular atendiendo a la realidad concreta de la misma. No obstante, parecería aconsejable que el tiempo máximo por periodo no superase los cinco años.
- En cualquier caso, compete al obispo establecer "los periodos por los que ejercerá el ministerio" (*OIM* 18; 19), "dispensar de manera temporal o definitiva del ejercicio del ministerio recibido", o "cesar de sus funciones" a los ministros instituidos (*OIM* 19).

8 PROCEDIMIENTOS INMEDIATAMENTE POSTERIORES A LA CELEBRACIÓN DE INSTITUCIÓN

La estabilidad, que caracteriza los ministerios laicales y que viene rubricada por el rito de institución, trae consigo una serie de implicaciones posteriores a la celebración de la institución para tener en cuenta. Son de diverso orden.

- La inscripción de los ministros catequistas en el libro de ministerios laicales instituidos de la Curia, que para tal propósito ha de crearse y custodiarse en la Curia según las normas y leyes relativas a la privacidad de datos.
- La publicación de los nombres y destinos pastorales de los ministros instituidos en los medios informativos de comunicación diocesanos

oficiales (boletín oficial, web diocesana, redes sociales, etc.), para darlos a conocer a todo el pueblo de Dios.

- La formalización del correspondiente compromiso de voluntariado de los ministros instituidos con la diócesis por medio de un escrito, tal como establece la normativa vigente, que regule los derechos y deberes de ambas partes, y que tiene carácter totalmente gratuito, porque el voluntariado no puede percibir ninguna contraprestación económica.

En relación con este último punto, se requieren matizar dos cuestiones. Tratándose de temas económicos, que son siempre delicados, es necesario abordarlos adecuadamente. En primer lugar, la no remuneración económica que caracteriza al voluntariado no exime de la responsabilidad de sufragar a los ministros los gastos derivados del ejercicio del ministerio, siempre y cuando se pueda hacer. Se trata de un principio de justicia. De lo contrario, conviene advertir previamente de ello al ministro instituido.

Por otro lado, se encuentran los ministros instituidos que van a dedicarse a tiempo completo al desarrollo de su ministerio. Tal como prevé el *Código de derecho canónico* para estos casos, "deberían contar con una remuneración adecuada que permita su sustento y el de las personas que dependen de ellos" (*cf. CIC*, canon 231 § 2). De discernirse y acordarse así, será necesario regularizar esta situación con un contrato laboral en conformidad con leyes vigentes de cada territorio.

De cara a la búsqueda de financiación para sostener a estos ministros, tantas veces el motivo por el cual no se puede realizar una opción de dedicación a tiempo completo en un ministerio que no sea el ordenado, con humildad y sabiendo que cada Iglesia particular es diferente, me permito ofrecer algunas pistas:

- Establecer en la diócesis una colecta diocesana extraordinaria a favor de los ministros instituidos.
- A nivel de parroquias, y sobre todo de agrupaciones parroquiales, crear un fondo de sustentación. Sus fondos pueden nutrirse de los ingresos generales de las parroquias e, incluso, de una aportación solidaria por parte de los ministros ordenados, si su economía se lo permite.

– En el caso particular de los catequistas instituidos que realizan algunos de los servicios litúrgicos indicados y que tienen asociados aportaciones voluntarias de los fieles, según cuando está establecida en cada Iglesia particular (aranceles, donativos, etc.), podría destinarse una parte a costear los gastos del ministro y a contribuir a darle una justa retribución/gratificación.

En cualquiera de los casos, y tal como se indica para el resto de las situaciones en las que podrían darse ofrendas y donativos por parte de los fieles, ha de evitarse en todo momento el carácter de comercio, escandalizar a los fieles y los abusos de cualquier tipo relacionados con el dinero.

9 PROCESO DE INSERCIÓN EN LA VIDA DE LA IGLESIA PARTICULAR Y EN LAS ESTRUCTURAS DIOCESANAS, ASÍ COMO REGULARIZACIÓN DE LOS MINISTROS INSTITUIDOS

La inserción en la vida y en la organización y estructuras diocesanas de los nuevos ministros instituidos es uno de los pasos más delicados en todo este proceso de promoción e implantación de los ministerios laicales en las Iglesias particulares, ya que puede condicionar positiva o negativamente todo el proceso. Por otro lado, la cuestión del "después de" (la institución) se vuelve más acuciante a medida que pasa el tiempo y surgen en los ministros las primeras crisis de realidad en el contacto con la vida pastoral concreta. Hoy se requiere una gran dosis de lo que podríamos denominar "resiliencia pastoral" o, como lo hacía el papa Francisco, "de esperas largas y aguante apostólico" (*EG* 244).

Por eso, es un momento que hay que cuidar con especial atención y delicadeza, porque no abordar esta realidad de manera adecuada podría traer consigo diversos conflictos entre los ministros ordenados e instituidos o entre estos y los miembros de la comunidad; o acarrear a los ministros instituidos desencanto y pérdida de impulso apostólico y de servicio; incluso, llevarlos a la interrupción del servicio asociado al ministerio. En todo este proceso no cabe duda de que tiene un particular papel la diócesis y sus estructuras y mediaciones. Concretamente, parece muy oportuno que, una vez más, estas tareas de acompañamiento de diverso tipo y resolución de conflictos las coordine el organismo designado para los ministerios laicales.

Por ser más precisos, todo apunta a que en la mayoría de los casos los problemas en este campo estarán relacionados con una mala inserción de los ministros laicos en la vida de la comunidad diocesana o de las pequeñas comunidades. Las razones que justifican esta situación son muy diversas y, sin negar el factor humano y la posibilidad de la existencia de malas praxis, hay que reconocer que responden a otras cuestiones. Entre otras señalamos las siguientes:

— La falta de una preparación y sensibilización previa de las comunidades, que muchas veces no entienden el significado de los ministerios de los laicos asociados a su condición bautismal (*cf. C-RIC* 13).

— La inadecuada clarificación de las tareas y funciones de los ministros instituidos con respecto a los ministros ordenados, en las que puede haber influido una mala formación y, en no pocos casos, la ausencia, la escasez o la inadecuación en la comunicación.

— La carencia de prácticas de programación y de organización en la vida pastoral, que tantas veces lleva a la improvisación, aumentando el nivel de tensiones y conflictos entre los ministros ordenados, que tienen dedicación completa, y los ministros instituidos, que tantas veces tienen que compaginar sus ocupaciones pastorales con las responsabilidades familiares y laborales.

Como *medidas específicas* que pueden ayudar a una adecuada inserción y a regular satisfactoriamente el servicio de los ministros instituidos proponemos:

— Organizar la comunidad estable de los ministros laicos y de los catequistas instituidos en torno a un estatuto u *ordo*.

— Finalmente, la renovación periódica de la encomienda y misión pastoral, que siempre supondrá un momento de balance y valoración de la situación.

— Elaborar en las diócesis, como se ha indicado, un *reglamento* o especie de *directorio* para la vida y el ministerio de los ministros laicos.

Abordo a continuación con un poco más de detalle las dos primeras medidas indicadas. Pero antes quisiera hacer un breve comentario con respecto a esta última medida, la redacción de lo que se puede denominar un "reglamento interno" (o *directorio*) para la vida y el ejercicio de los ministerios laicales.

Debemos recordar que existen las *Orientaciones* de la Conferencia Episcopal Española, las cuales pueden servir de base para la elaboración de este documento. Por otro lado, es cierto que algunas diócesis españolas, como es el caso de la de Valladolid, han creado su propio *Directorio diocesano de los ministerios laicales instituidos de lector, acólito y catequista* (19-V-2024)[34]; no obstante, en ninguno de los documentos consultados hasta el momento se han encontrado directrices concretas con relación al desarrollo y ejercicio del ministerio laical. Me refiero a aspectos específicos relativos a cómo se insertan los ministerios en el organigrama diocesano, o en las nuevas agrupaciones parroquiales y pastorales; cómo organizar, crear y oficializar equipos ministeriales o eclesiales de pastoral que contribuyan a una mejor pastoral de tipo sinodal y a asegurar la estabilidad y la continuidad de la pastoral ministerial, etc.

❶ Organización dentro la comunidad diocesana del estatuto de los catequistas instituidos y/o de los ministros instituidos: ¿un nuevo *ordo* en la Iglesia?

Termino con una última reflexión de tipo organizativo-pastoral, pero que, a la vez, tiene implicaciones de tipo eclesiológico y canónico. Surge a raíz del camino abierto por la institución de los nuevos ministerios laicales y conecta con este momento eclesial que vivimos en torno a la reflexión acerca de una *Iglesia sinodal*. Aunque por el momento no dejan de ser un deseo o una hipotética posibilidad.

Me refiero a un posible reconocimiento de un *estatuto eclesial propio* para los ministros instituidos en general y de los catequistas instituidos en particular, que podría ser inicialmente a nivel diocesano, aunque sería muy auspiciadle que lo fuese a nivel de Iglesia universal, reconociendo al grupo de ministros laicos y catequistas instituidos de todo el mundo como un *ordo* (*ordine*) eclesial propio.

---

[34] *Cf.* www.e-sm.net/226620_01.

Hablando del sentido de *orden* en la Iglesia, el *Catecismo de la Iglesia católica* nos dice lo siguiente:

> La palabra *orden* designaba, en la Antigüedad romana, cuerpos constituidos en sentido civil, sobre todo el cuerpo de los que gobiernan. *Ordinatio* designa la integración en un *ordo*. En la Iglesia hay cuerpos constituidos que la tradición, no sin fundamentos en la Sagrada Escritura (*cf.* Heb 5,6; 7,11; Sal 110,4), llama desde los tiempos antiguos con el nombre de *taxeis* (en griego), de *ordines* (en latín): así la liturgia habla del *ordo episcoporum*, del *ordo presbyterorum*, del *ordo diaconorum*. También reciben este nombre de *ordo* otros grupos: los catecúmenos, las vírgenes, los esposos, las viudas (*CCE* 1537).

De manera más particular, hace algunos años, el gran teólogo francés Congar dejaba escrito unas palabras proféticas sobre el creciente interés en su momento por los *órdenes* (*ordinis*) y sobre cuál debería ser su *sentido actual*:

> La idea de los *ordines* que componen la Iglesia adquirió gran relieve en Occidente desde el siglo x, sobre todo en el siglo xii. Últimamente ha vuelto a ganar la atención. Pero esta idea no puede contar con las bases sociológicas y morales que tenía en la Edad Media; solo puede apoyarse en instituciones *de la Iglesia*: los sacramentos de la confirmación y del matrimonio, la consagración de las vírgenes, las instituciones de viudas[35].

Recientemente, en la presentación del documento de institución del ministerio de catequista, Fisichella aludía "a la formación de una comunidad de catequistas" instituidos, lo cual parecería una alusión a este *ordo de los catequistas instituidos*, extensible al resto de ministerios laicales. Sus palabras fueron las siguientes:

> Es de esperar, por tanto, que la institución del ministerio conduzca también a la formación de una comunidad de catequistas que crezca con la comunidad cristiana en el servicio a toda la Iglesia local, sin ninguna tentación de ceñirse a los estrechos límites de su propia realidad eclesial, y libre de cualquier forma autorreferencial[36].

---

[35] Y. Congar, "Seglar", en: H. Fries (dir.), *Conceptos fundamentales de la teología IV: redención-virtud*, Madrid 1967, 238 (224-246).

[36] *Cf.* R. Fisichella, *Conferencia de presentación de la carta apostólica en forma motu proprio del papa Francisco "Antiquum ministerium"* (11-V-2021).

A la luz de lo expuesto, considero que no sería descabellado pensar en la posibilidad de formar una institución u *"ordo"* para toda la Iglesia de los catequistas instituidos (*ordo catechistarum* o *coetus catechistarum*), dado que es un colectivo muy singular; o que se estructure, de manera más general, un *ordo de los ministros laicos instituidos* (*ordo ministrorum laicorum institutus*).

Sería similar a los *ordines* existentes en la Iglesia primitiva, que eran *instituciones* constituidas por grupos de fieles que compartían entre sí un ministerio o características propias. Una inspiración legítima con tal de que se evite la concepción romana de *ordines*, que intercambia las "categorías de base" propias de los ministerios eclesiales de *"servitium-ministerium"* por las de *"dignitas-honor"*[37]. De hacerse, se correría el riesgo de caer en algunos de los peligros advertidos para el ministerio laical de catequista ("clasismo", "elitismo", "profesionalización", etc.).

De manera concreta, el *ordo de los catequistas instituidos* estaría formado por la "comunidad de catequistas" instituidos de todo el mundo, los cuales comparten el ministerio de la catequesis, desarrollado de manera estable, como su común contribución a la evangelización. Por tanto, un *ordo* integrado por laicas y laicos catequistas, vocacionados y dotados con el carisma de la catequesis; caracterizados por una mayor conciencia y sensibilidad con el compromiso misionero propio de cada bautizados ante la situación actual, y con una mayor disponibilidad para la misión. De tal modo que a este *ordo* también pertenecerían los catequistas que desarrollan su ministerio "en los territorios de misión" (*ad gentes*), o los "catequistas de las jóvenes Iglesias" (*cf.* C-RIC 5 y 11; *cf.* GC 1), a pesar de que su servicio catequístico sea tan particular con respecto al desempeñado por el resto de los catequistas del mundo.

---

[37] *Cf.* E. Lodi, "Ministerio/Ministerios", en: D. Sartore, A.M. Triacca y J.M. Canals (dirs.), *Nuevo diccionario de liturgia*, Madrid 1989, 1276. Además, *cf.* E. Quintana Orive, "*Officium, munus, honor*: precedentes romanos del término «funcionario» y de otras categorías jurídico-administrativas", en: *Revista digital de derecho administrativo* 16 (2016) 263-278.

En cuanto a las *razones* y *fundamentos* que fundamentarían la creación de este *ordo*, señalamos los que siguen:

- La larga y consagrada presencia en la Iglesia de los laicos catequistas, que como se ha dicho, es *muy antigua* [38].

- El elevadísimo número de catequistas a lo largo de toda la historia de la Iglesia, incluso hoy día; y su amplia difusión territorial y presencia en todas las Iglesias particulares, incluso en los territorios de misión *ad gentes* donde todavía no se ha implantado la Iglesia y tienen un papel clave en la obra de evangelización y de atención pastoral de las jóvenes comunidades.

- Su importante contribución histórica a la obra evangelizadora a través de la misión y la pastoral, y cuyo protagonismo en algunos momentos y geografías (*verbi gratia*, Extremo Oriente) ha sido clave para la implantación de la Iglesia y el mantenimiento de la vida cristiana de las comunidades, aun cuando faltó la presencia de los misioneros y de los presbíteros.

- Finalmente, su relevancia actual en la *nueva etapa evangelizadora* y en los ámbitos propios de la *nueva evangelización*.

Por otro lado, las *aportaciones positivas* que podría ofrecer este nuevo *ordo* a la vida de la Iglesia y a su misión evangelizadora no son menores; y máxime si se tiene en cuenta el general momento eclesial de indefinición que está viviendo este nuevo ministerio, lo cual forma parte de cualquier proceso de implantación eclesial.

Creo que, primeramente, permitiría una mayor organización de los mismos catequistas instituidos, en aquellos aspectos *ad intra* que regulan su identidad y estatuto eclesial general, su inserción en las diversas iglesias particulares y concretas comunidades, en los diversos organismos diocesanos de pastoral, gobierno o consulta, etc. Del mismo modo, esta institución contribuiría a esclarecer y regular de forma organizada aquellas cuestiones *ad extra* relativas a su servicio ministerial y misión, sobre todo cuando esta consiste en una colaboración directa con el

---

[38] *Cf.* J. M. Pérez Navarro, "Algunos momentos importantes en la historia del ministerio del catequista", en: *Sinite* 63 (2022) 189, 13-28.

apostolado propio de los ministros ordenados y/o se desarrolle fuera de sus propias comunidades, o incluso diócesis.

Po estos y otros motivos, estoy convencido de que la creación de este *ordo* es una propuesta adecuada para la promoción e implementación del ministerio instituido de catequista. Pero no solo, además, podría contribuir a la construcción de una definición "en positivo" del laico en la Iglesia, ayudando así a superar la común formulación "en negativo" que los considera como los que no son ni clérigos ni frailes. A todas luces esta enunciación centenaria resulta insuficiente, y no deja de alimentar la tendencia a clericalizar al laico.

❷ La renovación del mandato o encomienda (*missio*)

Una segunda medida de cara a una adecuada inserción de los ministros en la vida y misión pastoral de las Iglesias particulares se refiere a la necesidad de renovar el mandato o encomienda pastoral una vez pasado el primer mandato o periodo ministerial tras la institución. En el nuevo documento de la *missio* ha de especificarse una vez más el tiempo del nuevo periodo, así como el resto de información que indicábamos anteriormente, sobre todo cuando se producen variaciones en el ejercicio del ministerio con respecto al periodo precedente.

Lo mismo ocurre en los casos de los ministros instituidos con anterioridad a los que se amplía el periodo de ejercicio ministerial. Para este colectivo es imprescindible que previamente se haya comprobado que continúan cumpliéndose los requisitos establecidos por cada una de las Iglesias particulares.

Por otro lado, Roche, en la carta que enviaba a los presidentes de las conferencias de obispos sobre el rito de institución de los catequistas, exhortaba a que este gesto de entrega de la *missio* no solo se circunscribe a los nuevos catequistas y ministros instituidos, ni siquiera a los que están instituidos y renuevan su mandato, sino que por la importancia del servicio que desarrollan se hiciese también extensivo a "quienes acompañan el camino de iniciación de niños, jóvenes y adultos". En sus palabras: "Es absolutamente conveniente que todos ellos reciban, al inicio de cada año catequético, un mandato eclesial público con el cual se les confía esta indispensable función" (*C-RIC* 9).

En cualquiera de estas circunstancias, el documento de la *missio* puede entregarse en una nueva celebración pública, que puede realizarse en la comunidad en la que el ministro laico desarrolla o va a desarrollar su ministerio; o bien en alguna de las celebraciones diocesanas que se determine. Podría ser en la celebración de admisión e ingreso a la formación ministerial de los nuevos aspirantes, o en la Celebración de apertura del año pastoral y/o de catequesis, y/o la celebración del envío de catequistas, tan difundidos en las diócesis españolas. Esta celebración tiene un valor añadido, ya que podría servir de estímulo vocacional a los ministerios bautismales.

Finalmente, para este tipo de celebraciones y de envíos se sugiere emplear alguno de los formularios de celebraciones que ofrece el *Bendicional*, como las "bendiciones relativas a la catequesis y a la oración en común"[39].

10 FORMACIÓN CONTINUA Y ACOMPAÑAMIENTO ECLESIAL

Se trata de una cuestión que podría ser abordada cuando tratamos de los planes de formación, o incluso en las medidas inmediatas tras la celebración de institución. Pero he preferido dedicarle un apartado específico por dos motivos. En primer lugar, por la particularidad de esta formación, considerada paradigmática y prototípica de toda la formación, a comenzar por la inicial.

En segundo lugar, por la necesidad de que no se reduzca a un programa más de formación, muchas veces asociado al interés por la "actualización", sino que se considere como un proceso rico y holístico de acompañamiento en el que se irán integrando los diversas instancias y aspectos, dimensiones y exigencias formativas (espirituales, teológicas, pastorales, ministeriales, etc.). Todo ello en aras a un crecimiento integral (personal, vocacional y ministerial) de los ministros laicos instituidos.

---

[39] Cf. *Rituale Romanum. De benedictionibus* (*editio typica* 1984) 361-377 (edición española: Madrid 2020, 365-381).

Según todos los expertos en el campo, este acompañamiento formativo permanente de los ministros, de los instituidos pero también de los ordenados, realizado según un plan diseñado y coordinado por la instancia diocesana correspondiente, se vuelve muy importante e imprescindible, sobre todo durante los cinco primeros años de los ministros.

Después del primer quinquenio, los ministros instituidos podrían unirse también a los programas formativos ordinarios y más generales existentes de la diócesis y participar en algunos de ellos. Eso, no obstante, no exime de la necesidad de crear programas de formación específica para estos ministros.

A mi modo de ver, el plan diocesano de formación continua específico para ministros laicos instituidos debería contener algunos de los siguientes programas e itinerarios:

— Cursos *periódicos de formación de diverso tipo*: en torno a las diversas áreas de la vida y el ministerio de los ministros laicos; de actualización teológica y pastoral; en torno a temas de actualidad y nuevas exigencias pastorales; etc.

— Programas de *formación especializada* para ciertas funciones y tareas ministeriales específicas y particulares, sobre todo asociadas a las áreas pastorales que podemos considerar "de frontera"; *verbi gratia*: ciertas técnicas y metodologías catequísticas; o pastorales, como la acogida a las personas migrantes, la pastoral con divorciados, pastoral de la atracción al mismo sexo; el amplio mundo de la evangelización digital; etc.

Finalmente, se ve muy oportuno crear un *programa de encuentros periódicos* con el obispo y con el resto de los ministros ordenados y/o instituidos de la diócesis, o agentes de pastoral diocesana, o aprovechar alguno de los existentes; e incluso organizar encuentros periódicos también a nivel nacional. Todo ello, además de contribuir a la formación conjunta de este colectivo de ministros instituidos, ayudará, por otra parte, a reforzar los lazos de comunión y corresponsabilidad entre los ministros laicos instituidos y sus obispos, y de todos los ministros entre sí, ordenados, instituidos, reconocidos, ocasionales, de colaboración, etc.

11 PELIGROS, DIFICULTADES Y RETOS PARA LA IMPLANTACIÓN Y PROMOCIÓN DE LOS MINISTERIOS LAICALES

Ninguna novedad, tampoco la institución de ministerios laicales, está exenta de peligros y dificultades. Durante el proceso de implantación se deberán afrontar diversos retos y desafíos hasta que se alcanza una cierta implantación y normalización. Lo mismo puede ocurrir en la Iglesia con el ministerio de catequista. Si bien su institución supone un motivo de alegría para toda la Iglesia y fuente de esperanza para su misión evangelizadora; no obstante, su progresiva inserción en la Iglesia y en las comunidades tendrá que avanzar con el realismo propio de toda institución humana, aunque continuemos afirmando, porque así lo es, que la Iglesia sea una realidad divina y cuenta con la asistencia permanente del Espíritu Santo.

Recordar esto no parecería ser la mejor forma de contribuir a la promoción de este nuevo ministerio y a su implantación en las iglesias particulares. Si lo hago es como una advertencia acerca del trabajo que queda por delante, y por el que es preciso comprometerse, sin cejar en el empeño. Solo así se puede seguir caminando realistamente hacia una Iglesia misionera de comunión y sinodalidad.

En este tiempo de corresponsabilidad y liderazgo eclesial compartido, el catequista instituido, cualquiera que sea su modalidad y forma, constituye, sin duda alguna, una de las figuras ministeriales más relevantes para la evangelización en los próximos años. Lo será por su contribución específica a la catequesis, esencial y prioritaria para la misión evangelizadora de la Iglesia, así como en otros apostolados y en los más diversos ámbitos y escenarios de la evangelización.

El hecho de que la promoción de los ministerios laicales no esté libre de dificultades, no por eso puede llevarnos a desistir de este digno empeño. Por este motivo, conocer los peligros y las dificultades, e identificar sus retos, ofrece una cierta tranquilidad en todo este proceso. Nos previene y nos permite adelantarnos a los mismos con soluciones adecuadas; y a la vez, cuando no sea posible hacerlo, al menos nos brinda la posibilidad de intentar reducir sus efectos negativos. Con este espíritu afronto este último apartado de mi intervención.

Dejando a un lado los consabidos peligros advertidos por los diversos documentos –de una *clericalización de los laicos* o de la *laicización de los clérigos*–, señalo brevemente a continuación algunas *dificultades* más de tipo general en torno a los ministros instituidos y otras particulares para el caso concreto de los catequistas instituidos. En algún caso revisten forma de *conflictos*, en otros de *peligros y riesgos,* y en otras ocasiones de *retos*:

— Conflictos entre los diversos ministros debido a una *mala comprensión de la ministerialidad*: hablamos, sobre todo, de "luchas de poder" o "tensiones entre servicio y poder"[40] ("luchas" entre ordenados e instituidos, entre ministros instituidos y no instituidos). Concretamente, rechazo o minusvaloración de los ministros instituidos por parte de los ministros ordenados, considerándolos un ministerio inferior, de "segundas", o de suplencia; o viceversa, prejuicio de los ministros instituidos hacia los ordenados a través de actitudes y comportamientos de anticlericalismo, o de un cierto revanchismo.

— Conflictos entre los diversos ministros producidos por un *mal ejercicio del ministerio*: usurpación de tareas y funciones, competitividad, excesos y extralimitaciones, etc.

— Peligros asociados a *la comprensión de la figura del catequista instituido*: reducción a un único modelo y perfil diocesano de catequista instituido, cerrándose al vasto abanico de posibilidades; o el peligro de hacerlo de una manera preconcebida y sin atención a la realidad pastoral concreta, sin creatividad y audacia pastoral.

— Peligros asociados a *la mala comprensión del ejercicio del ministerio del catequista instituido*: tales como que estos puedan llegar a ser vistos, o a constituirse ellos mismos, en una especie de "élite" por encima del resto de catequistas; por otro lado, el riesgo de caer en una cierta "profesionalización" del ministerio, con todo lo que ello comporta de negativo: pérdida de dinamismo carismático

---

[40] *Cf.* L. B. Porra y D.C. Santander, "Percepciones sobre el ministerio de catequista: tensión entre el servicio y el poder", en: *Medellín* 49 (2023) 186, 227-229.

y misionero, relajación en el servicio y en el empeño catequístico, reducción a un *modus vivendi* o a la búsqueda de una forma de reconocimiento o estatus eclesial. Finalmente, está el peligro de la "acumulación" de diversos ministerios laicales (acólito, lector, etc.) en la misma persona del catequista ("unificación personificada")[41], como si se tratase de una especie de acopio de "títulos" eclesiásticos. En consecuencia, se podría producir un acaparamiento y "monopolio" de todos los servicios pastorales en una comunidad o realidad pastoral, lo cual trae consigo varios peligros: anulación o condicionamiento negativo de otros ministros y/o ministerios y servicios, competitividad entre ellos y luchas de poder; por otro lado, dependencia ministerial de la comunidad y consiguiente pérdida de iniciativa y dinamismo pastoral de la misma, etc.

— El reto de una adecuada *formación ministerial* de los ministros que van a ser instituidos. Esta ha de ajustarse a las verdaderas necesidades formativas según la pluralidad de perfiles existentes de catequista; ha de evitar el peligro de que esta sea muy general, o que repita viejos esquemas y contenidos ya abordados en itinerarios precedentes. Que sea, en cambio, una formación lo suficientemente especializada, ya que se adecúa al servicio específico de catequesis que va a desarrollarse y, por otro lado, a la situación pastoral concreta.

— El reto aludido de la *inserción de los catequistas instituidos en las Iglesias particulares*: su inserción en la vida pastoral y en las diversas estructuras pastorales y organismos diocesanos (de gobierno, o de consulta), delegacionales, de vicaría, arciprestales, parroquiales, u en las nuevas unidades pastorales; su incorporación a los programas y dinamismos pastorales diocesanos.

---

[41] Temática abordada por: C. BERNABÉ UBIETA, "Los ministerios en los orígenes del cristianismo", en: CENTRO REGIONAL DE ESTUDIOS TEOLÓGICOS DE ARAGÓN (CRETA) e INSTITUTO SUPERIOR DE CIENCIAS RELIGIOSAS NUESTRA SEÑORA DEL PILAR, *XXX Jornadas de Teología en Aragón. La catequesis en una Iglesia ministerial*, Zaragoza 2014. Actas pendientes de publicación, pero puede seguirse la grabación de su intervención en: www.e-sm.net/226620_02 (consulta: 13-XI-2024).

12 PLAN SIMPLIFICADO EN DIEZ PASOS PARA LA IMPLEMENTACIÓN DE LOS MINISTERIO LAICALES EN LAS IGLESIAS PARTICULARES

- Confianza en Dios y en su Iglesia, expresada en el cultivo de la oración por las vocaciones al ministerio laical y en las iniciativas de promoción del ministerio laical.

- Creación de un organismo diocesano (secretariado diocesano, delegación episcopal, oficina, comisión o departamento pastoral) para los ministerios laicales y/o para el ministerio laical específico de catequista.

- Discernimiento diocesano de los tipos y las modalidades de los ministerios a instituir en la Iglesia particular según las necesidades pastorales, así como de los perfiles de los ministros según las posibles responsabilidades, funciones y tareas que realizarán.

- Diseño e implementación de un plan diocesano de formación ministerial y sus correspondientes programas de formación específicos para la institución de catequistas u otros ministerios laicales.

- Establecimiento de un periodo de información sobre los ministerios laicales y concientización de las comunidades; y determinación de un proceso de discernimiento comunitario de los aspirantes y candidatos a los ministerios laicales.

- Celebración de la institución ministerial, envío y entrega de la *missio* o encomienda oficial para el ejercicio del ministerio.

- Procedimientos tras la institución ministerial: inscripción de los ministros instituidos en el libro de ministerios laicales instituidos de la Curia; publicación en los medios diocesanos oficiales de los nombres y destinos pastorales de los instituidos; formalización de compromisos de voluntariado y contratos laborales sujetos a contrapartidas económicas, cuando proceda.

- Atención al proceso de inserción e integración en la vida de la Iglesia particular y en sus estructuras diocesanas y pastorales; a la regularización de los ministros instituidos según un reglamento (o directorio) diocesano para la vida y el ministerio de los ministerios laicales; y a la renovación del mandato, encomienda o *missio*.

– Formación continua y acompañamiento eclesial en los años siguientes a la institución.
– Peligros que evitar, dificultades que sortear y retos que afrontar en la implantación y promoción de los ministerios instituidos.

TESTIMONIO I

DAVID DEL ÁLAMO MARTÍN ARAGÓN
Ministro instituido de la catequesis
de la archidiócesis de Toledo

Mi nombre es David, tengo treinta y nueve años y pertenezco a la archidiócesis de Toledo. El 2 de diciembre de 2023 recibí el ministerio de catequista en la catedral de Toledo y me gustaría, de una manera breve y sencilla, compartir con ustedes mi experiencia en este ministerio. En primer lugar, les comento algunos datos en referencia a mi vocación, formación y acompañamiento durante mis años de vida.

1 MI PRIMERA VOCACIÓN

Quizá mi vocación inicial a este servicio se remonte a mi infancia. En aquellos juegos de niño, recuerdo cómo me gustaba recrear en casa la labor docente que veía en el colegio: las temáticas elegidas hacían referencia a la clase de Religión y nunca faltó la creatividad y un cierto liderazgo para organizar e implicar a pequeños y mayores en mis juegos.

Cuando hice la primera comunión, entré a formar parte del equipo de monaguillos de la parroquia y, a los pocos años, entré al seminario menor, en el que estuve cinco años. Después, pasé al seminario mayor, en el que realicé mis estudios en Filosofía y Teología durante seis años. Al terminar esta etapa de seminario, decidí que no me iba a ordenar sacerdote y la Delegación de Enseñanza de la archidiócesis me encomendó las clases de Religión Católica de un instituto en un pueblo de Toledo. Aunque hubiera podido ir y venir a trabajar en coche desde mi pueblo natal, preferí irme a vivir allí y, desde una visión de fe, poder vivir cerca de aquellas personas y compartir el día a día con ellas.

2 PRIMERAS EXPERIENCIAS

A nivel profesional, veía que la docencia me gustaba, pero el estado en el que había quedado la asignatura de Religión hacía difícil poder impartirla adecuadamente. Por este motivo, por las tardes empecé a estudiar el Grado en Educación Primaria en el Centro de Estudios Superiores Don Bosco, con los Salesianos. Al terminar, me presenté a las oposiciones de maestro y saqué una plaza en uno de los colegios del mismo pueblo en el que estaba ejerciendo como profesor de Religión.

Durante los quince años que viví en aquel pueblo, a nivel de vivencia de la fe y de vida comunitaria en la parroquia, hubo sus dificultades, y determiné buscar en otras parroquias una comunidad en la que poder vivir la fe, compartir la eucaristía, formación, dirección espiritual y poder poner al servicio los dones recibidos.

En el momento de recibir el ministerio de catequista estaba viviendo la fe y el servicio de catequista en una parroquia de la ciudad de Toledo. Al finalizar el curso pasado, pedí traslado de la plaza como maestro a mi pueblo natal y me la concedieron; este curso, por este motivo, he empezado nueva etapa a nivel profesional y de comunidad parroquial en mi pueblo. Serán de estas dos parroquias, la de Toledo y la de mi pueblo, de las que comentaré mi experiencia en el ministerio de catequista.

La experiencia en la misión catequética en la parroquia de Toledo ha sido para mí lo más próximo a lo que yo entiendo que pueda ser el desarrollo de este ministerio a nivel parroquial: después de un tiempo participando en las celebraciones de esta parroquia, el sacerdote, que me conocía desde la época del seminario menor y con quien me une una gran amistad desde entonces, me planteó la posibilidad de ayudar en este servicio de la catequesis, en concreto siendo el coordinador de la catequesis de iniciación cristiana. El sacerdote creía que podía aportar y ayudar a la parroquia desde este servicio, pero quería preguntarme primero si era posible, porque se necesitaría bastante disponibilidad, y yo vivía en otro pueblo a media hora en coche de aquella parroquia. Después de rezarlo por mi parte, le dije que contara conmigo, por lo que nos pusimos a trabajar juntos en un nuevo proyecto catequético para la parroquia.

Durante un verano, estuvimos viendo posibilidades metodológicas que pudieran ayudar desde la catequesis a la visión evangelizadora y pastoral de la parroquia. Pedimos la colaboración de más personas de la parroquia para que fueran catequistas, seleccionamos los catecismos que nos facilitarían los temas adaptados según los catecismos indicados a nivel diocesano, preparamos las salas de encuentro, la programación del temario, celebraciones, reuniones y pastoral con las familias.

A partir del inicio de curso, yo iba teniendo reuniones periódicas con el párroco para comentar el desarrollo de los diferentes aspectos de la catequesis, y él se iba haciendo presente en la catequesis en los momentos que era necesario, pero el peso de la coordinación recaía en mí. Me encargaba de la formación de los catequistas, de la participación de los grupos en la misa de niños de la parroquia, de cuidar el grupo de catequistas en lo que fuera necesario, de coordinar con el resto de los agentes de pastoral de la parroquia lo referente a estos años de iniciación cristiana, de los temas burocráticos (como recoger partidas bautismales o certificados), etc.

Como detalle, quiero citar también cómo a nivel económico un día el sacerdote quiso darme un dinero para la gasolina que gastaba en los viajes a la parroquia desde mi casa. Yo no acepté aquel dinero porque en aquel momento no lo necesitaba, y el dinero que gastaba quería que fuera parte de mi donativo a la parroquia. Sí que le comenté la posibilidad de encontrar un aparcamiento, porque en la zona en la que se sitúa la parroquia hay pocos y es zona azul, y todo me suponía una pequeña dificultad. El sacerdote lo entendió y me facilitó el que pudiera aparcar el coche en el patio de la parroquia, solucionando así el problema.

3 LA LLAMADA DEL DELEGADO DE CATEQUESIS

Curiosamente, un viernes saliendo de la catequesis recibí la llamada del delegado de catequesis de la archidiócesis y me comentó que el arzobispo quería iniciar este nuevo camino de la institución de los ministerios laicales (catequista, lector y acólito). Habiendo reunido una comisión para tratar este tema, habían discernido hacer un llamamiento a algunas personas, entre las que yo me encontraba, para proponerles si querían recibir algunos de estos ministerios. En mi caso, como había recibido anteriormente los ministerios de lector y acólito, habían pensado que, por mi formación teológica ya realizada, por la disponibilidad que tenía para realizar distintos servicios que se me habían encomendado y, en concreto por mi desempeño del servicio catequético, podría recibir el ministerio de catequista.

Le contesté que estaba dispuesto a recibir el ministerio, pero que quería hablarlo también con mi párroco y con el director espiritual a ver qué les parecía; después le daría la respuesta. Una vez comentado con mis acompañantes espirituales, llamé al delegado de catequesis para decirle que contara conmigo.

Tuve que realizar una solicitud formal por escrito pidiendo el ministerio, presentar la partida de bautismo y mi párroco adjuntó también una presentación de mi persona. Todos estos documentos formarían parte del archivo documental que se tendría sobre las personas que irían recibiendo los ministerios.

4 CELEBRACIÓN DE LA INSTITUCIÓN

Quince días antes de la celebración de la institución de los ministerios, los cinco candidatos a recibir alguno de los ministerios, junto con nuestros párrocos, tuvimos una tarde de encuentro con el arzobispo. Comenzamos con un rato de oración en la que el arzobispo nos hizo una meditación muy profunda del significado de los distintos ministerios desde la clave del servicio y la misión. Posteriormente, tuvimos un encuentro más distendido donde pudimos presentarnos y comentar nuestras inquietudes.

A los cinco candidatos a los ministerios nos había hecho mucha ilusión esta llamada de parte de la archidiócesis, y preparamos la celebración con mucho entusiasmo. Aquel día fuimos acompañados por nuestra familia y amigos más cercarnos. A los catequistas, el señor arzobispo nos entregó el signo de la cruz en el momento de la institución.

5 RECIBIDO EL MINISTERIO

Si me preguntan si hubo algún cambio a nivel práctico o de atribuciones a partir de la institución del ministerio, mi respuesta es que no. Yo seguí con la coordinación de la catequesis como lo estaba realizando antes. A nivel de arciprestazgo de Toledo, sí que me llamó el sacerdote encargado de la catequesis y me dijo que normalmente a nivel arciprestal había una "mesa de la catequesis", en la que estaban un sacerdote y un laico. Había pensado en mí, ya que había recibido el ministerio. Yo le dije que contara conmigo, pero en los meses que pertenecí a ese arciprestazgo nunca nos reunimos.

Por traslado a nivel laboral, cambié de parroquia y, en la que estoy actualmente, doy catequesis a un grupo de confirmación y, junto con el párroco, también me encargo de la catequesis de adultos. El párroco actual, cuando llegué a la parroquia, me acogió muy bien y me presentó todas las realidades parroquiales para que viera dónde podría encajar. Este primer curso estamos conociendo la parroquia y sus realidades.

Hace unos días me reunía a comer con algunos de mis compañeros que recibieron también alguno de estos ministerios y comentábamos algunos aspectos positivos y dificultades referentes al ministerio laical.

Como aspecto positivo, coincidíamos en que a nivel personal nos había ayudado mucho: lo veíamos como un envío fuerte de Dios a través de la Iglesia, como una confirmación vocacional y de servicio de la Iglesia. Todos tenemos claro que con esta misión participamos en la misión evangelizadora del obispo y de los padres de aquellos niños a los que damos catequesis.

6 RETOS PARA EL FUTURO

Es un camino nuevo en nuestra archidiócesis, somos los primeros laicos que recibimos los ministerios y, aunque el deseo por parte del obispo es claro al iniciar este camino, sí es verdad que faltan por concretar muchos aspectos entorno al mismo. Imagino que es lo que sucede con todo comienzo: podríamos decir que se tiene clara la ley, pero hace falta detallar el reglamento.

Por ejemplo, a nosotros, al ser los primeros, no se nos ha hecho una formación específica para los ministerios: han contado con la formación y experiencia que teníamos. Ahora, para los siguientes, la formación y proceso de los candidatos tendrá que ir concretándose de otra manera. Hablando de formación, también estaría bien concretar una formación y cuidado permanente para los que ya han recibido los diferentes ministerios. Y para ello quizá es necesario tener una comisión encargada.

Tampoco están claras las funciones concretas y más específicas del catequista instituido. A nivel diocesano tampoco tenemos una misión concreta. Imagino que las funciones dependerán del lugar en el que viva la persona: en sitios con comunidades grandes y pocos sacerdotes el ministro catequista tendrá unos cometidos; y en sitios o pueblos pequeños con varios sacerdotes otros.

Además de los aspectos relativos al contexto del lugar, también el desarrollo del ministerio dependerá de la visión pastoral que tenga el párroco: hay parroquias en las que se valora la labor catequética y la ayuda de los laicos, y hay parroquias en las que no se valora.

Creo que algunas maneras de promover este ministerio serían:

— En primer lugar, crear una comisión que pueda estudiar y rezar cómo concretar este nuevo camino para proponer posibilidades e ir definiendo aspectos. Ver qué es lo genuino de este ministerio, porque si al final hacemos lo mismo que antes, no tendría mucho sentido. Es importante tener claro las atribuciones que se encomendarán a este ministerio para que la persona pueda discernir también si se ve llamada.

— En segundo lugar, poder dar a conocer este ministerio en las parroquias: seguramente haya muchas personas de la comunidad parroquial que no saben que existe. De esta manera, se suscitaría el deseo en algunos fieles.

— Por último, crear una comisión encargada de la formación y el discernimiento de los candidatos y posterior cuidado y acompañamiento de los ministros instituidos.

Pienso que todo camino que comienza necesita su tiempo para ir concretándose. La Iglesia misma a lo largo de la historia ha ido comprendiendo a la luz del Espíritu Santo: cómo ir dando cada paso, discerniendo cómo adaptarse a los diferentes lugares y personas. Tenemos claro que participamos de la misión evangelizadora de la Iglesia y que se trata de un servicio y no de ningún privilegio ante los demás. Con la esperanza puesta en Dios, que guía los pasos de su pueblo.

TESTIMONIO II

Rosa Abad León
Ministra instituida de la catequesis
de la archidiócesis de Madrid

Me gustaría comenzar mi testimonio con unas palabras de la primera carta del apóstol san Juan: "Nosotros hemos conocido el amor que Dios nos tiene y hemos creído en él. Dios es amor, y quien permanece en el amor permanece en Dios, y Dios en él". Esto es lo que desde el "minuto uno" ha movido mi vocación de catequista, la cual empezó en la parroquia del Cristo de la Victoria. Cuando el 10 de mayo de 2021 el papa Francisco instituyó el ministerio laical de catequista para toda la Iglesia, mediante carta apostólica en forma *motu proprio* titulada *Antiquum ministerium*, nunca imaginé que cuando el 23 de enero de 2023 Francisco confirmó dicho ministerio de catequista a ocho laicos de todo el mundo en Roma una de ellas iba a ser yo.

1 MI REALIDAD TRAS RECIBIR EL MINISTERIO

Recibir el ministerio en aquel momento supuso para mí, por un lado, incertidumbre y responsabilidad; por otro, ilusión, agradecimiento y alegría. Incertidumbre porque no sabía muy bien a qué me estaba comprometiendo. El Papa puso en manos de las conferencias episcopales la implementación del ministerio, establecer procesos de formación y los posibles criterios normativos. Se abría ante mí un camino llenos de incógnitas. Responsabilidad porque no solo fui la primera catequista de España en recibirlo, sino por la importancia de lo que es el ministerio en sí mismo. Así lo demostraba el eco que tuvo en distintos medios de comunicación.

Tres años después, puedo decir que el ministerio ha supuesto un cambio en mi vida a todos los niveles: emocionales, espirituales y materiales, donde el agradecimiento y la ilusión se han multiplicado y la incertidumbre ha desaparecido.

Sigo como catequista en mi parroquia (El Cristo de la Victoria) realizando la coordinación de la catequesis y presentando, acercando y mostrando a Dios a niños y adolescentes. En cuanto a la labor específica del ministerio, desde la Delegación Episcopal de Catequesis de la archidiócesis de Madrid, se cuenta conmigo en el grupo de expertos cuyo trabajo es la elaboración de los nuevos materiales para la catequesis.

Soy coordinadora de catequesis en la vicaría VII de Madrid, que cuenta con unas ochenta parroquias entre la capital y la zona de la sierra. Esta labor me permite estar en contacto con un gran número de catequistas y de párrocos para conocer de primera mano las dificultades, inquietudes y propuestas de dichas parroquias para trasladarlas al vicario y/o al delegado de catequesis.

Asisto a las reuniones del Consejo Pastoral de la vicaría, para informar sobre los temas más relevantes en materia catequética: como el encuentro anual de catequistas celebrado en noviembre de 2024, cursos específicos para catequistas (por ejemplo, el del "Oratorio", realizado en El Escorial en enero de 2025), etc. Asimismo, tenemos reuniones mensuales en la Delegación Episcopal de Catequesis todos los coordinadores de la vicaría (en Madrid somos ocho), lo que nos permite conocer las realidades catequéticas de nuestra archidiócesis, aportando experiencias tan importantes y enriquecedoras como el catecumenado de adultos o la catequesis inclusiva.

Se me ha encomendado impartir un taller sobre "el ministerio de catequista" en las vicarías IV-V y en la II. La respuesta que ha tenido por parte de los catequistas de estas vicarías ha sido muy positiva. También acompaño a Manuel María Bru, delegado de catequesis de la archidiócesis de Madrid, cuando así lo estima oportuno, para dar testimonio sobre el ministerio.

2 FORMACIÓN CONTINUA

Otro apartado muy importante en mi vida está siendo la formación. Antes de recibir el ministerio ya sentí la necesidad de aprender, de saber más, como consecuencia de la experiencia que tuve en mi primer año como catequista con un grupo de niñas que habían sufrido maltrato físico y psicológico. Esto hizo darme cuenta de que, con solo una catequesis "estandarizada", no podría hacerles llegar el amor de Dios a sus corazones. Entonces realicé distintos cursos para catequistas de forma no reglada.

A raíz de recibir el ministerio, Manuel María Bru, junto con Juan Carlos Carvajal Blanco, catedrático de Teología de la Evangelización y la Catequesis, en la Facultad de Teología de la Universidad Eclesiástica San Dámaso, han elaborado un itinerario de estudios para mí en el grado de Ciencias Religiosas de dicha universidad. Hasta el momento, he cursado Sagrada Escritura y Cristología; y este curso 2024/25 estoy matriculada en Antropología Teológica.

3 ENRIQUECIMIENTO PERSONAL

Ni qué decir tiene que lo que estoy aprendiendo es un enriquecimiento en todos los sentidos: primero a nivel personal, ya que me permite reflexionar e interiorizar la fe desde unas perspectivas que antes no tenía; y como consecuencia lógica comunicárselo a los demás. "Cuida de ti mismo y de lo que enseñas, persevera en todo esto, pues, si lo haces así, te salvarás a ti y a los que te escuchan" (1 Tim 4,16).

4 RELEVANCIA DE ESTE MINISTERIO EN EL MUNDO ACTUAL

Me gustaría resaltar que a lo largo de este tiempo siempre me he sentido acompañada y arropada por la Iglesia, es decir, por todos y cada uno de los hombres y mujeres que la formamos. Es verdad que a veces me han hecho comentarios sobre la necesidad, o no, de este ministerio. Si pensamos en un catequista que realiza su labor en Perú o en Ghana, parece cierto que allí este ministerio tiene una labor fundamental por las características de su entorno, pero creo que hoy día dicho ministerio es también fundamental en el mundo occidental.

La sociedad del siglo XXI, lo queramos o no, en su mayoría es una sociedad secularizada, materialista, donde el hombre vive al margen de Dios. Por eso es muy necesaria la labor de todos y cada uno de nosotros. Para los catequistas laicos, que se reconozca su labor con un ministerio tan importante es un gran paso dentro de la Iglesia. Eso no quiere decir que vayamos a ocupar sitios que no nos corresponden; en una Iglesia sinodal todos tenemos sitio y voz, porque, como dice san Pablo: "Todos nosotros fuimos bautizados en un solo Espíritu para formar un solo cuerpo, y todos hemos bebido del mismo Espíritu" (1Cor 12,13).

Entender la labor que tenemos hoy, no es solo "la de preparar para recibir sacramentos", sino una verdadera labor misionera, llevando el Evangelio allí donde estamos todos los días y a todas las horas ("veinticuatro siete", como se suele decir), saliendo de nuestras comodidades. Pienso que es el primer objetivo del catequista que recibe el ministerio, así como un ejemplo claro para todos los demás catequistas.

Reivindicar lo que nos dijo el papa Francisco, llevarlo a cabo y tener presente la cruz que nos entregó el Papa al recibir el ministerio creo que avala la labor que pueda realizar un ministro de catequesis hoy y ahora, adaptando su ministerio al sitio donde lo desarrolle. La humildad y la capacidad de servicio son, junto con lo anterior expuesto, lo que tendría que plantearse según mi criterio un catequista que quiera recibir el ministerio, amén de los requisitos que ya están establecidos por la Conferencia Episcopal Española. Añadiría que la alegría y el entusiasmo, la paciencia y tener claro que formamos parte de la Iglesia son también fundamentales a la hora de plantearse solicitar el ministerio.

Me gustaría terminar con una pregunta que le hago a Dios Padre muy a menudo y que me han hecho otros catequistas: ¿por qué yo? Ni idea. Solo él lo sabe y lo único que yo puedo decirle a él y a los demás: aquí estoy, siguiendo el ejemplo de María, la primera catequista por excelencia.

TESTIMONIO III

LOLA ROS DE LA IGLESIA
Ministra instituida de la catequesis
de la archidiócesis de Zaragoza

1 VOCACIÓN, FORMACIÓN Y ACOMPAÑAMIENTO

Desde muy joven vivía una relación con Jesucristo que iba creciendo en la medida en que profundizaba en el estudio de la Biblia. Desde mi preuniversitario hasta hoy, he participado en un grupo de "estudio de Evangelio".

Todavía en el colegio me pidieron que fuera monitora de colonias de un grupo en un barrio de Zaragoza. Luego colaboré en una escuela de tiempo libre que se llamó Servicio de Aire Libre (SAL). Esa actividad no terminaba de convencerme y le dije al párroco que quería ser catequista (eso fue en mi segundo año de carrera). El sacerdote me dijo que no me dejaba dar catequesis si no me formaba. Por entonces había dos cursos del CENIEC de pedagogía de la fe para conseguir la (entonces) Declaración Eclesiástica de Idoneidad (DEI). Así que hice los dos cursos en el Centro Pignatelli de los jesuitas de Zaragoza. Me faltaba la teología, que se impartía en el Centro de Estudios Teológicos de Aragón (CRETA), así que pregunté y me informaron del plan de estudios, no solo de la teología para la DEI, sino de la posibilidad de hacer el bachiller en Teología... y me embarqué.

Por entonces ya había terminado Medicina y comenzaba a trabajar. Era catequista de infancia desde hacía cuatro años. Cuando terminé el bachiller en Teología, Francisco Tobalina, director por entonces del Instituto de Ciencias Religiosas a distancia, me pidió que impartiera Eclesiología. Era el curso 1990. Comenzó entonces mi tarea docente, que acaba de terminar con la jubilación.

133

Mientras, seguía de catequista en mi parroquia y comprometida con la coordinación de la catequesis a nivel de zona. El arzobispo, entonces Elías Yanes, me fue conociendo y llegó el momento en el que me planteé dedicarme como hasta entonces a la medicina, que era incompatible con la pastoral, o cambiar de rumbo y optar por la docencia de la Religión en un instituto público de enseñanzas medias. Hubo un discernimiento en el que me acompañó mi párroco y mi arzobispo; y opté por la pastoral.

Entonces comencé a estudiar, a la vez, la licenciatura en Teología Catequética en la Universidad Eclesiástica San Dámaso. En 2002, Elías me propuso como secretaria técnica en la Delegación de Catequesis de la archidiócesis, en la que he estado trabajando hasta febrero de este año. Desde entonces pertenezco a la Asociación Española de Catequetas.

Siempre me he sentido interpelada por la pastoral de la Iglesia, especialmente por la catequesis, y siempre me he sentido acompañada en el discernimiento de mi camino, muchas veces oscuro e incierto. Cuando el papa Francisco publica el *motu proprio, Antiquum ministerium*, el 10 de mayo del año 2021, al día siguiente, escribí una carta al arzobispo Carlos Escribano, expresando mi disposición para ejercer ese ministerio, ya que formaba parte de mi vida. El 6 de julio de 2023, se publicó un decreto del arzobispo que informaba del proceso a seguir para ser instituidos en los ministerios de lector, acólito y catequista:

> Los candidatos que deseen acceder a alguno de estos ministerios deberán ponerse en contacto con el señor vicario general y le entregarán los siguientes documentos:
>
> —Una solicitud al señor arzobispo en la que, además de presentarse y narrar brevemente su vinculación eclesial, explicarán sus motivaciones para acceder al ministerio.
>
> —Un informe de su párroco en el que explicará su opinión sobre la idoneidad del candidato al ministerio solicitado.
>
> —Un certificado emitido por el Centro de Estudios Teológicos de Aragón en el que se acredite que el candidato ha realizado los estudios establecidos para acceder al ministerio. Si ha cursado estudios superiores, presentará un certificado o título que lo acredite.

También fue necesario presentar la partida de bautismo con nota marginal de confirmación. Además de estos requisitos, nuestro arzobispo quiso tener una entrevista con cada uno de nosotros. En ella nos preguntó especialmente por nuestra disponibilidad para ejercer el ministerio.

La institución del ministerio de catequistas fue el 1 de octubre de 2023, en el marco de la celebración del "envío" a los catequistas de la archidiócesis. Fuimos instituidos ocho catequistas: siete mujeres y un varón. Curiosamente, cuatro de nosotros habían solicitado también el ministerio de acólito y lector. La institución de estos ministerios se realizó unos días después en Daroca, región de Campo Romanos en la que ya hace tiempo que se realizan celebraciones en ausencia de presbítero.

2 EL ACCESO A LA RECEPCIÓN DEL MINISTERIO

Viví la ceremonia con emoción e ilusión, como si se ratificara públicamente la misión de toda la vida. También con cierto desconcierto, ya que no entendía la institución de los tres ministerios. Por otra parte, celebrar la institución en el marco del envío de los catequistas me pareció significativo y me sentí muy en sintonía con la misión de tantas y tantas personas que habían sido llamadas por el Señor para evangelizar.

3 EN LA ACTUALIDAD

Después de veintidós años trabajando en la Delegación de Catequesis (me jubilé en febrero de este año), me pidió el delegado que siguiera coordinando el catecumenado de adultos, tarea que desempeñaba desde hacía más de quince años. Además, en cada vicaría, hay una escuela de catequistas. Como somos ocho personas, se nos ofreció la posibilidad de animar las distintas escuelas entre todos. En la escuela del arciprestazgo centro hemos coincidido tres catequistas instituidas entre las que nos dividimos las sesiones de trabajo.

Este curso se ha puesto en marcha en la diócesis un espacio de acompañamiento. Se llama Horeb. Además de ofrecer acompañamiento personalizado, se ha diseñado una escuela de acompañamiento básica. Está dirigida a agentes de pastoral para que puedan tomar conciencia de la importancia de acompañar procesos a todos los niveles. Es un servicio que me apasiona, ya que, desde el año 2007, animo los talleres para acompañar procesos de crecimiento en la fe.

Los catequistas instituidos somos todos teólogos. Estudiamos en el Centro de Estudios Teológicos de Aragón. Ante la dificultad real de la falta de formación sistemática para el ministerio de otros catequistas, se ha elaborado un programa a distancia, tanto de formación teológica como de formación específica para cada uno de los ministerios, según las *Orientaciones sobre la formación de los futuros lectores, acólitos y catequistas instituidos*. Los profesores somos los ministros instituidos, entre otros.

A nivel parroquial, en este momento, animo la catequesis de un grupo de adolescentes y he comenzado a ofrecer una "formación básica" para adultos, casi todos de tercera edad. Por último, indicar que mi ejercitación no ha supuesto ningún cambio sustancial en mi compromiso con la catequesis, a no ser que tengo más tiempo para preparar catequesis y leer.

4 ASPECTOS POSITIVOS DEL MINISTERIO

Toda mi vida he tratado de estar orientada al servicio de la evangelización. Soy mujer y laica. Dos accidentes que, en algunas personas, suscitan preguntas. He estudiado, además de una licenciatura en Medicina, una licenciatura en Teología Catequética. Mi itinerario, a cada paso, ha sido acompañado y discernido, pero casi siempre incomprendido. El ministerio representa, a estas alturas, la confirmación por parte de la Iglesia, en la persona de mi obispo, de esa vocación y misión.

5 DIFICULTADES DEL MINISTERIO

Seguimos realizando los mismos servicios que antes. La mayor parte de los sacerdotes no cuentan con nosotros. Si es complicadísimo trabajar a nivel de unidades pastorales, todavía es más complicado descubrir para qué sirve el ministerio del catequista. De hecho, se han producido "des-

"encuentros" con algún sacerdote, que no conocía la función de algunas personas instituidas, que animaban celebraciones de la Palabra en residencias de ancianos.

Tal es así que se ha formado una "comisión para los ministerios laicales", en la que están el vicario general, el vicario de pastoral, la delegada de pastoral, la delegada de apostolado seglar, el delegado de liturgia, el director del Centro de Estudios Teológicos de Aragón y dos ministras instituidas, una de acólito, lector y catequista y otra de catequista. Vemos la necesidad de dar a conocer los ministerios, especialmente a los sacerdotes y a las comunidades.

Existe el riesgo de acceder al ministerio por lo que supone de reconocimiento por parte de la Iglesia y del obispo, y no tanto como servicio cada vez más urgente a la comunidad y a la diócesis. Creo que hay que contemplar por separado los ministerios de acólito y lector y el de catequista.

6 PROMOCIÓN DE LA VOCACIÓN AL MINISTERIO DE CATEQUISTA: ASPECTOS PARA TENER EN CUENTA

Creo que es necesario situar la catequesis en el lugar que le corresponde dentro de la evangelización. La catequesis no es algo de niños o para niños. Todo bautizado tiene derecho de que se le acompañe a lo largo de su vida en su proceso de fe. Por tanto, es necesario tomarse en serio lo que dice el *Directorio para la catequesis* del catequista como "testigo de la fe y custodio de la memoria de Dios; maestro y mistagogo; acompañante y educador" (*DC* 113). Solo contemplado estos aspectos, podremos ofrecer una catequesis que ilumine la vida de fe. Esto es un reto permanente.

Para vivir el ministerio creo que es necesario sentir la urgencia de la evangelización, haber descubierto la fuerza de la Palabra, vivir de la Palabra, tener una mirada que pueda sorprender la acción de Dios en los milagros que suceden todos los días. Seguir a Jesús maestro.

EPÍLOGO

"EL MINISTERIO DE CATEQUISTA": REFLEXIÓN FINAL

Asamblea General de la AECA

En la última sesión de las Jornadas de la AECA 2024, los miembros presentes de la asociación realizamos una reflexión conjunta sobre lo trabajado a lo largo de los tres días sobre el tema que nos ocupaba, que era "el ministerio del catequista". El sentido de esta reflexión era también responder a la solicitud del señor obispo José Rico Pavés, obispo de Jerez de la Frontera y presidente de la Comisión para la Evangelización, Catequesis y Catecumenado de la Conferencia Episcopal Española, que nos invitó a hacer nuestra aportación sobre este tema que preocupa a la Iglesia que peregrina en España.

Después de escuchar las conferencias de José María Pérez, Eloy Bueno de la Fuente y Miguel López Varela, y las interesantes experiencias de ministros instituidos en nuestra geografía, pasamos a una puesta en común libre, ayudados por las preguntas que Francisco Romero, director del Secretariado de Evangelización, Catequesis y Catecumenado de la Conferencia Episcopal Española, comunicó a la Asamblea. Paso a desarrollar las ideas más importantes.

1 LA IGLESIA MINISTERIAL

A lo largo de nuestras Jornadas, el tema de la Iglesia ministerial resulto ser un tema de fondo y referencial. En efecto, se puso en valor las aportaciones eclesiológicas y misioneras del Concilio Vaticano II (*Lumen gentium*, *Gaudium et spes*, *Ad gentes*) y cómo de ellas deriva una nueva autoconciencia de la Iglesia, la cual se considera a sí misma una Iglesia ministerial, es decir, una Iglesia servidora del reino de Dios en medio del mundo. Esta renovada autoconciencia es lo que justifica la existencia de la diversidad de ministerios en el seno del pueblo de Dios.

La ministerialidad de la Iglesia, y por tanto la de sus miembros, tiene su raíz en el bautismo o, más propiamente hablando, en la iniciación cristiana. Por el proceso iniciático —en el que se reúne la fe en la Palabra divina y la recepción de la gracia sacramental—, los cristianos son injertados en Cristo, incorporados a la Iglesia y hechos partícipes de la misión evangelizadora. La Iglesia constituye una comunidad de llamados para participar con Cristo, y bajo la acción de su Espíritu, en la misma misión que él ha recibido del Padre (cf. Jn 20,21-23). Y es aquí donde se enraízan los ministerios, carismas y servicios con su pluralidad de formas.

De este humus bautismal brota la vocación particular de cada cristiano. Todo discípulo misionero de Cristo está ungido por el Espíritu para contribuir, por la recepción de esa unción, a la comunión y misión de la Iglesia. Así pues, antes que pensar en instituir un ministerio, es preciso discernir y reconocer las vocaciones particulares de los bautizados y observar qué grado de utilidad tiene para la vida y misión de la comunidad eclesial. Con esta eclesiología fundada en el bautismo y orientada a la comunión y misión, se debe superar definitivamente el esquema anterior: clérigos-laicos —definiendo a los laicos por lo que no son— para pasar a un esquema comunidad-bautizados-ministerios, donde el ministerio ordenado no acapara todos los ministerios y servicios; sino que suscita, anima y articula todos los servicios ministeriales de la comunidad.

En este esquema, y en un clima sinodal, la Iglesia debe discernir los retos a los que se enfrenta en su misión evangelizadora, reconocer los dones y carismas que el Espíritu suscita entre sus miembros y, vocacionalmente, llamar a algunos bautizados para que cumplan unos servicios, ministerios —instituidos o no—, que favorezcan la misión eclesial al servicio del reino y la proclamación del Evangelio. No cabe duda de que esto supone un nivel organizativo tanto a nivel de las Iglesias diocesanas como a nivel de las parroquias y demás ámbitos eclesiales, pero si no parte del fundamento eclesiológico y vocacional que venimos diciendo todo se quedará en una estructura hueca.

2 EL MINISTERIO DE CATEQUISTA

❶ Discernimiento comunitario

La Asamblea de la Asociación Española de Catequetas manifestó la necesidad de tener que observar la Iglesia y su misión, pero no la de ayer, ni tan siquiera la de hoy, sino la del futuro. Consideró que tenemos que preguntarnos qué está pidiendo el Espíritu a través de los signos de los tiempos. ¿Cuáles son los retos que hoy presenta nuestro mundo? ¿Qué necesidades tienen nuestras comunidades eclesiales? ¿Qué carismas se van suscitando? ¿Qué ministerios se vislumbran? A veces se hacen ministerios o se ordenan diáconos permanentes sin saber muy bien a qué necesidad responden y de qué modo se van a integrar en la vida y misión eclesial.

Se habló, pues, de discernir las llamadas que el Espíritu hace a través de los signos de los tiempos y de discernir los dones y carisma que va suscitando en la Iglesia. En definitiva, aceptar la precedencia del Espíritu y que la Iglesia, por el discernimiento y docilidad sinodal, se ponga a su servicio.

En este marco es donde es preciso reconocer y —dadas la dificultadas— revindicar los ministerios laicales. En efecto, es fácil de constatar que, a pesar del impulso que el papa Francisco ha dado a los ministerios bautismales, en muchas ocasiones, su implementación se encuentra con la resistencia de las comunidades cristianas, en general, y con la de los presbíteros, en particular. Aquí es preciso reconocer que la institución de los ministerios laicales —en particular, el de catequista— pasa necesario por la asunción efectiva, y no solo teórica, de la eclesiología del Vaticano II. Una eclesiología que invita a observar la complementariedad entre los ministros ordenados y los ministerios laicales. Estos ministerios han de ser observados, no como un estado intermedio de clericalización, sino como la proyección plenamente laical de la gracia bautismal para el bien de la comunidad cristiana y su tarea evangelizadora.

¿Cómo realizar el proceso de discernimiento de modo que se reconozcan a los bautizados que pueden acceder al ministerio del catequista instituido? La Asamblea de la Asociación Española de Catequetas habló de tres caminos para iniciar ese proceso de discernimiento e institución:

- *La autocandidatura*. Hay catequistas que, en el seno de la comunidad y observando sus necesidades, se sienten llamados a un ministerio.

- *La propuesta de los responsables de la comunidad*, los cuales, siendo portavoces de lo que dice la comunidad, presentan a esa persona a los ministros ordenados porque consideran que tienen cualidades para ejercer el ministerio.

- Y por último *la designación directa del obispo* y sus responsables en la tarea catequética.

Teniendo en cuenta cada una de estas formas, es imprescindible hacer los discernimientos correspondientes. En cualquier caso, la Asamblea manifestó que en este discernimiento se debe preguntar a la comunidad a través de los consejos pastorales. De un modo especial, se debe contar con los responsables de la catequesis, quienes conocen cuáles son las personas comprometidas y capacitadas al servicio de la transmisión de la fe. También se puede concitar la participación de estructuras eclesiales más amplias, como son los arciprestazgos, delegaciones o secretariados de catequesis. En cualquier caso, los ministros ordenados de la comunidad de origen deben tener una palabra, la cual debe ser recogida al interior del proceso general de discernimiento.

❷ Rasgos imprescindibles

En la reflexión compartida por la Asamblea de la Asociación Española de Catequetas, y para caracterizar la vocación del ministro instituido al servicio de la catequesis, surgieron una serie de rasgos que a continuación enumeramos:

- Tiene madurez humana y cristiana.
- Ha hecho la iniciación cristiana completa y no tiene ninguna carga canónica.
- Ama a la Iglesia.
- Se siente llamado, capacitado e impulsado por el Espíritu.
- Participa en las celebraciones litúrgicas de la parroquia.

- La comunidad considera que es una persona que dinamiza la propia comunidad.
- Participa en la formación de la parroquia y de la diócesis.
- Posee la capacidad para trabajar en equipo.
- Tiene capacidad de relación. Sabe dialogar y empatizar con las demás personas.
- Se acredita que tiene compromiso en la catequesis (al menos cinco años), y por tanto se puede observar que tiene carisma y aptitudes de catequista.
- Es conocedor de la diócesis y está implicado en la pastoral diocesana.
- Tiene disponibilidad de tiempo y espacio. Su compromiso puede estar bajo el mandato del obispo y, por tanto, ser estable.

Se subraya fuertemente la dimensión diocesana del ministro de la catequesis, en relación directa, por tanto, con el obispo.

❸ Funciones

Siguiendo con esta última reflexión, el ministro instituido de la catequesis debe estar disponible bien sea para coordinar catequistas, o para misionar —en solitario, si fuera el caso—, en una zona donde no la haya. Debe tener disponibilidad para ir a donde se le requiera. En una lluvia de ideas, los participantes de la Asamblea destacaron cinco funciones básicas:

- Coordinar la actividad catequística de una zona.
- Iniciar e impulsar la actividad evangelizadora en ámbitos o zonas pastorales de la diócesis.
- Acompañar a los catequistas (personas y equipos) y orientar en su formación.
- Clarificar los dinamismos esenciales de la actividad catequística, vincularla a las orientaciones diocesanas.
- Relacionar la catequesis, de una manera efectiva, con otros ministerios y servicios de la actividad pastoral. Ser mediador con otras formas de participación eclesial.

❹ Formación

Aunque parezca una obviedad, el ministro instituido debe tener una formación propia de un cristiano maduro y, además, la formación básica que debería tener un catequista estable. A esto se le debe añadir las competencias ministeriales propias. Los documentos nos hablan de formación: bíblica, teológica, pastoral y pedagógica; y, ¿cómo no?, la formación catequética con un nivel más elevado, junto con la formación psicopedagógica necesaria para conocer la psicología de las personas a las que deberá acompañar en el ejercicio de su misión.

La Asamblea insistió en que la formación no debe ser solo académica. Debe tener una coherencia con la dinámica catecumenal (autocatequesis) que después deberá implementar en su tarea, estar sostenida por un acompañamiento personal y de hondas repercusiones espirituales. El proceso formativo debe tener un marcado carácter relacional: el ministro instituido se forma "con" otros, en una dinámica dialogal donde puede compartir experiencias, confrontar la vida y aprender unos de los otros. En este sentido, la formación en línea debe estar supeditada a la dinámica presencial.

Por otro lado, se considera que, como en muchas ocasiones, el ministro deberá desarrollar una tarea particular al servicio de la diócesis. Esto supondrá la necesaria formación en algunos aspectos muy concretos que requerirá su especialización: si se dedica a coordinar una zona pastoral, necesita una formación específica; lo mismo si se especializa en la catequesis de adultos o en la de los discapacitados. Es muy importante que a lo largo de este proceso el ministro tenga un acompañamiento espiritual.

Por último, la Asamblea manifestó cómo en la concepción actual de los ministerios parecen solaparse el ministerio de lector y de catequista. Los participantes consideraron que la labor del catequista es más amplia que la del lector. Sin embargo, se ve la necesidad de una clarificación sobre este asunto, de modo que aparezca con evidencia la especificidad y complementariedad de ambos ministerios.

ÍNDICE

2. FUNDAMENTACIÓN ECLESIOLÓGICA DE LOS MINISTERIOS: LA MINISTERIALIDAD DE LA IGLESIA (Eloy Bueno de la Fuente) ...

3. PISTAS CONCRETAS PARA LA PROMOCIÓN DE LOS MINISTERIOS LAICALES: DISCERNIMIENTO, FORMACIÓN, COMPROMISO MINISTERIAL, APERTURA A NUEVOS MINISTERIOS, ETC.